Nordrhein-Westfalen

# Doppel-Klick 10

## Differenzierende Ausgabe

## Das Arbeitsheft

Erarbeitet von
Grit Adam, Kathleen Breitkopf, Ulrich Deters, Dirk Hergesell,
Gesine Jordan, Rainer Schremb, Britta Wurst

Unter Beratung von
Andrea Hüttig
und August-Bernhard Jacobs



Cornelsen

# Inhaltsverzeichnis

## Arbeitstechnik



## Prüfung

Arbeitstechniken findest du in den Klappen und auf der vorderen Umschlagseite.

Z Hier findest du zusätzliche Aufgaben zum Weiterarbeiten.

**Die Aufgabentypen**
Mit den Übungen und Aufgaben dieses Arbeitsheftes werden die schriftlichen Aufgabentypen des Kernlehrplanes Nordrhein-Westfalen erarbeitet; insbesondere:

**Schriftlicher Aufgabentyp 2 a) und b):**
auf der Basis von Materialien oder Beobachtungen beschreiben
➤ S. 10–11, 20–23

**Schriftlicher Aufgabentyp 3:**
Eine Argumentation zu einem Sachverhalt verfassen (eine persuasive Erörterung schreiben)
➤ S. 12–15, 38–49

**Schriftlicher Aufgabentyp 4 a):**
Literarische Texte aufgabengeleitet untersuchen
➤ S. 16–19, 50–63, 64–69

**Schriftlicher Aufgabentyp 4 b):**
Sachtexte fragengeleitet und aufgabengeleitet untersuchen
➤ S. 4–9, 24–29, 27–35, 30–37

**Schriftlicher Aufgabentyp 5:**
Texte nach vorgegebenen Kriterien überarbeiten
➤ S. 27–29, 36–37, 48

**Schriftlicher Aufgabentyp 6:**
Texte nach Textmustern verfassen
➤ S. 10–11, 30–31, 70–75

# Sachtexte erschließen und schreiben

## Sachtexten Informationen entnehmen

**1** Lies den Arbeitsauftrag mithilfe der Arbeitstechnik „Prüfungsaufgaben verstehen“.

Arbeitstechnik „Prüfungsaufgaben verstehen“ ➤ S. 20–23

**Dein Arbeitsauftrag**

Untersuche die drei Materialien **M 1** bis **M 3** auf den Seiten 4 bis 6.
Bearbeite dabei folgende Teilaufgaben:

a) Nenne in der Einleitung Titel, Autor, Textsorte und die Zielgruppe.
b) Erläutere im Hauptteil, welche Bedeutung die Erforschung des Wostoksees für die Wissenschaft hat.
c) Beschreibe die unterschiedlichen Intentionen der drei Materialien. Belege die Intentionen mit Zitaten.
d) Wäge im Schlussteil Argumente für und gegen das Anbohren des Wostoksees ab und begründe deine persönliche Meinung dazu.

**Für die Bearbeitung deiner Aufgaben stehen dir in Prüfungen oft verschiedene Materialien zur Verfügung.**

**2** Lies die Materialien mithilfe des Textknackers.

➤ Die Arbeitstechnik „Der Textknacker“ findest du in der vorderen Klappe.

*Material 1 (M 1)*

### Russen bohren Riesensee unter dem ewigen Eis an – Christoph Seidler

**Russische Forscher haben nach jahrelanger Arbeit offenbar den Wostoksee unter dem Eispanzer der Antarktis angebohrt. Das gigantische Wasserreservoir hatte vermutlich seit Hunderttausenden Jahren keinen Kontakt zur Außenwelt – und könnte bizarre Lebensformen beherbergen.**

Das Forschungsschiff Akademik Fjodorow

Die Party findet wohl auf der „Akademik Fjodorow“ statt. Das russische Forschungsschiff liegt derzeit vor der Küste der Antarktis; es soll ein Forscherteam an Bord nehmen, das womöglich Geschichte geschrieben hat. Offenbar ist es Wissenschaftlern der 57. russischen Antarktis-Expedition jetzt gelungen, einen riesigen subglazialen[1] See anzubohren. Und weil das Thermometer an der russischen Antarktis-Station „Wostok“ dieser Tage zwischen minus 38 und minus 46 Grad schwankt, sich dazu die Polarnacht unerbittlich nähert, hat sich der größte Teil des Trupps anschließend sofort auf die Heimreise gemacht.
Der Wostoksee liegt fast vier Kilometer unter dem Eispanzer der Ostantarktis. Der Druck des Eises und die Erdwärme halten das gigantische Süßwasserreservoir flüssig. Jahrelang hatten sich die Russen mit der Bohrung an einem der ungemütlichsten Plätze des Planeten geplagt. Die Nachrichtenagentur RIA Novosti führt nun einen namentlich nicht genannten Mitarbeiter aus dem Dienst für Hydrometeorologie und Umweltmonitoring (Rosgidromet) als Quelle für die Erfolgsmeldung an. Das Bohrloch ist demnach 3 768 Meter tief. [...]

**Gibt es Leben tief unter der Antarktis?**

Wostok war der erste See, der unter dem Eispanzer der Antarktis aufgespürt wurde. Radarmessungen in den Jahren 1959 und 1964 hatten den Forscher Andrej Kapitsa auf die Spur des 250 Kilometer langen und 50 Kilometer breiten

1 subglazial: unter dem Eis

Gewässers gebracht. Der See könnte faszinierende Geheimnisse beherbergen – schließlich hatte sein Wasser seit Hunderttausenden, wahrscheinlich sogar Millionen von Jahren keinen Kontakt nach oben. Deswegen sind Forscher besonders interessiert an Mikroorganismen, die sich in der frostigen, stickstoff- und sauerstoffreichen Umgebung behauptet haben könnten – bei immensem Druck und minimalem Nährstoffangebot.

Ob sich die gesuchten Seebewohner tatsächlich in den obersten Schichten der Wassersäule finden und nicht doch eher tief unten im Sediment, steht auf einem anderen Blatt. Klar ist: Die Konsequenzen einer Entdeckung wären weit reichend, nicht zuletzt für Astrobiologen: Wenn es in der antarktischen Tiefe Leben gibt, warum dann nicht auch unter dem Eispanzer des Saturnmonds Enceladus oder des Jupitermonds Europa?

Doch gleichzeitig war die Bohrung auch genau deswegen umstritten. Hatten die Russen tatsächlich alles ihnen Mögliche getan, um eine Verunreinigung des Sees durch Mikroorganismen und Chemikalien von außen zu verhindern? Schon die kleinste Kontamination[2] würde die Messungen unbrauchbar machen. Wissenschaftler und Umweltschützer äußerten sich deswegen kritisch. [...]

Wegen der internationalen Kritik war eine erste Bohrung am Wostoksee im Jahr 1998 gestoppt worden – in 3623 Metern Tiefe. Das Bohrloch wurde damals mit Tonnen von Kerosin und Kühlmitteln vor dem Zufrieren geschützt. Und die wären beim Anbohren möglicherweise ins Wasser geströmt.

Im Jahr 2005 wurde deswegen mit etwas geänderten Plänen weitergebohrt: Die Russen ersetzten zumindest im unteren Teil des Bohrlochs das Kerosin durch steriles[3] Silikonöl. Außerdem versprachen sie, den See zunächst nur so weit anzubohren, dass Wasser aus seinem Inneren im Bohrloch aufsteigt und dort festfriert. Die so entstehenden Eiskerne sollen nach Angaben von RIA Novosti nun im kommenden Südsommer geborgen werden. Kurzfristige Schlagzeilen zu wundersamen Seebewohnern sind also eher nicht zu erwarten. [...]

2 die Kontamination: die Verunreinigung
3 steril: frei von jeglichen Mikroorganismen

*Material 2 (M 2)*

**Die Lage des Wostoksees in der Antarktis**

➤ Die Arbeitstechnik „Eine Grafik lesen“ findest du vorne auf der inneren Umschlagseite.

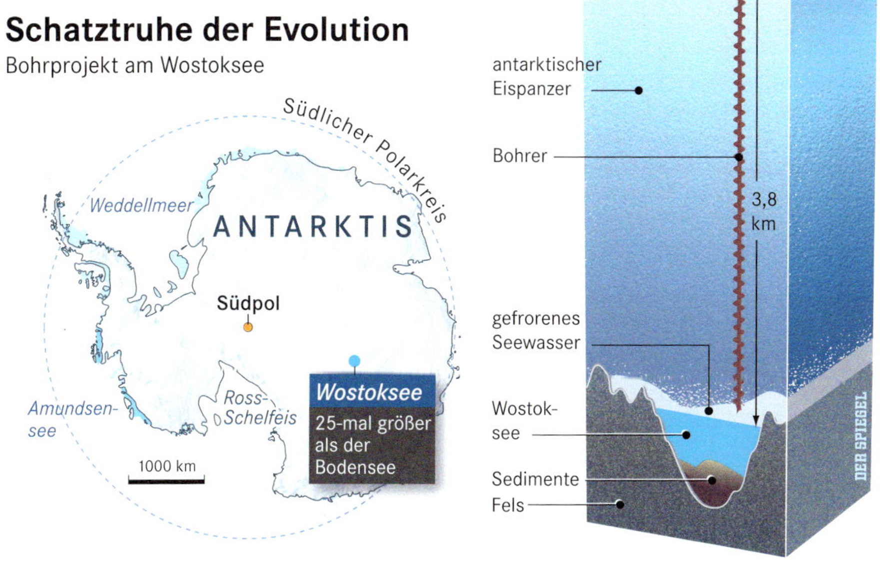

*Material 3 (M 3)*

## Wostoksee in der Antarktis verheißt einmalige Entdeckungen – aus „Stimme Russlands“

Schon die ganze Welt scheint davon gehört zu haben, dass russische Wissenschaftler einem Untergletschersee in der Antarktis die ersten Wasserproben entnommen haben. Gegenwärtig bringen Wissenschaftler des Instituts für Arktis und Antarktis diese Proben an Bord des Forschungsschiffes „Akademik Fjodorow“ nach Sankt Petersburg. Sie sollen dort Mitte Mai eintreffen.
Die Forscher der Länder der antarktischen Gemeinschaft halten den Wostoksee seit langem für ein einmaliges Objekt. Etwas Ähnliches gibt es sonst nirgendwo auf der Erde. Erstmalig haben russische Wissenschaftler von diesem einmaligen Objekt im Jahre 1994 auf einer internationalen Konferenz in Rom berichtet. Sie haben festgestellt, dass sich unter der russischen Forschungsstation „Wostok“ in einer Tiefe von mehr als vier Kilometern ein riesiger Untergletschersee befindet. [...]
Bis heute ist bereits ein bedeutender Umfang an paläontologischen[1] und mikrobiologischen Forschungen bewältigt worden. Zu einer Sensation sind die in den Eiskernen entdeckten thermophilen[2] Bakterien geworden, die sonst lediglich in Geysiren vorkommen.
Näheres über den Verlauf der einmaligen Arbeiten über dem Wostoksee berichtete der „Stimme Russlands“ Valerij Martystschenko, Leiter der Verwaltung Polar- und Seearbeiten von „Roshydromet“ (Föderaler Dienst der Russischen Föderation für Hydrometeorologie und Umweltmonitoring):
„Die Tiefe, in der bereits die Wasseroberfläche vermutet wurde, wurde als 3 760 Meter bezeichnet. Gegen Ende des Jahres 1998 waren den Bohrarbeitern insgesamt rund 100 Meter bis zu dieser Wasseroberfläche geblieben. Da forderte die wissenschaftliche Weltöffentlichkeit Garantien dafür, dass das Vordringen zum See zu keiner Verunreinigung desselben führen werde. In Russland nahm man dieses Problem ernst und entwickelte spezielle Methoden sowie einmalige technische Mittel. Darüber wurde in einer Beratung der Vertreter von Ländern berichtet, die den Vertrag über die Antarktis unterzeichnet haben. Und erst nach der allgemeinen Billigung wurden die Bohrarbeiten fortgesetzt. Dabei wurden Technologien verwendet, über die heutzutage kein weiteres Land verfügt. Die technischen Mittel und die Methoden sind mit Arbeiten im Weltraum vergleichbar.“ [...]
Die Arbeiten am Wostoksee werden fortgesetzt, sobald man in der Antarktis wird bohren können, d. h. im Sommer. Er dauert dort nur zwei Monate, Dezember und Januar.

Die russische Forschungsstation Wostok in der Antarktis

1 die Paläontologie: die Wissenschaft von den Lebewesen vergangener Erdzeitalter
2 die thermophilen Bakterien: Bakterien, die eigentlich hohe Temperaturen (45–80 °C) bevorzugen

**3** Fasse den Inhalt der drei Materialien **M 1** bis **M 3** jeweils kurz zusammen.

M 1: *Russische Forscher haben in der Antarktis in großer Tiefe unter dem Eis den Wostoksee angebohrt.*

M 2: ______________________________

M 3: ______________________________

# Sachtexte mit Fragen erschließen

**1** Beantworte die folgenden Fragen zu den Materialien **M 1** bis **M 2**.
Notiere zu jeder Antwort in Klammern das Material und die Zeilenangabe.

a) Wer oder was ist die „Akademik Fjodorow“?

______________________________________________

______________________________________________

b) Weshalb fand auf der „Akademik Fjodorow“ vermutlich eine Party statt?

______________________________________________

______________________________________________

c) Welche Fläche umfasst der Wostoksee?

______________________________________________

______________________________________________

d) Wie verhält sich die Fläche des Wostoksees zur Fläche des Bodensees?

______________________________________________

______________________________________________

e) Unter welchen klimatischen Bedingungen fand die Bohrung statt?

______________________________________________

______________________________________________

f) Wie wurde beim Bohrstopp 1998 das Zufrieren des Bohrlochs verhindert?

______________________________________________

______________________________________________

g) Welche Gefahren sind mit den verwendeten Frostschutzmitteln verbunden?

______________________________________________

______________________________________________

**2** Welche Materialien beantworten dir jeweils die folgenden Fragen? Kreuze an.
**Tipp:** Bei einigen Fragen sind mehrere Kreuze möglich.

| | M 1 | M 2 | M 3 |
|---|---|---|---|
| a) Wo liegt der Wostoksee genau? | ☐ | ☐ | ☐ |
| b) Was ist die Besonderheit an diesem See? | ☐ | ☐ | ☐ |
| c) Was versprechen sich die Wissenschaftler von den Bohrungen? | ☐ | ☐ | ☐ |
| d) Welche Gefahren sind mit den Bohrungen verbunden? | ☐ | ☐ | ☐ |
| e) Wie gingen die Forscher mit der Kritik an der Bohrung um? | ☐ | ☐ | ☐ |
| f) Wie sorgfältig wurde bei der Bohrung 2011/2012 verfahren? | ☐ | ☐ | ☐ |

**3** Formuliere zwei weitere eigene Fragen zur Untersuchung der Materialien.

______________________________________________

______________________________________________

______________________________________________

______________________________________________

# Intentionen erkennen

**Du untersuchst, aus welchem Blickwinkel der Text geschrieben wurde und welche Wirkung der Text bei seinen Leserinnen und Lesern erzielt.**

**Merkwissen**

Als **Intention des Textes** wird die **Absicht** bezeichnet, die man in einem Text beim Lesen entdecken kann. Oft deckt sich die Intention mit der Absicht der Autorin oder des Autors.
Folgende Fragen können dir helfen, die Intention eines Textes zu erkennen:
- Will der Text informieren?
- Will der Text zum Nachdenken anregen?
- Will der Text unterhalten?
- Nimmt der Text zu einem Thema Stellung?
- Spricht der Text die Gefühle der Leserinnen und Leser an?

**1** Welche Beschreibung passt zu welcher **Intention**? Verbinde.
**Tipp:** Lies am Rand nach, was **legitimierend** bedeutet.

| | |
|---|---|
| anleitende Intention | Der Text hinterfragt Zustände oder Handlungen, um ihre Mängel oder Fehler herauszustellen. |
| informierende Intention | Der Text rechtfertigt oder lobt Zustände oder Handlungen, um ihren Wert zu verdeutlichen. |
| unterhaltende Intention | Der Text beschreibt Vorgänge so genau, dass Leserinnen und Leser sie nachmachen können. |
| legitimierende Intention | Der Text beschreibt Sachverhalte oder Ereignisse sachlich informierend (ohne sie zu bewerten). |
| kritisierende Intention | Der Text erzählt wahre oder erfundene Geschichten auf eine sprachlich interessante Weise. |

**Info**

Eine **legitimierende Intention** ist die Absicht, Meinungen oder Sachverhalte zu rechtfertigen.

**2** Welche **Intentionen** erkennst du in den drei Materialien? Kreuze an.
**Tipp:** Bei zwei Materialien machst du mehr als nur ein Kreuz.

Materialien zum Wostoksee
➤ S. 4-6

| **Intentionen** | M 1 | M 2 | M 3 |
|---|---|---|---|
| informierende Absicht | ☐ | ☐ | ☐ |
| legitimierende Absicht | ☐ | ☐ | ☐ |
| kritisierende Absicht | ☐ | ☐ | ☐ |

**3** **a.** Zu welchen Materialien passen die folgenden Aussagen zur **Intention**? Schreibe die Nummern der Materialien davor.
**b.** Beschreibe die **Intention** des dritten Materials in eigenen Worten. Verwende dabei deine Ergebnisse aus Aufgabe 2. Schreibe auf die Linien.

M __: Dieses Material hat eine legitimierende Intention, denn die Leistungen der Forscher werden in auffälliger Weise gelobt und hervorgehoben.

M __: Die Intention ist eigentlich nur informierend. Die Metapher „Schatztruhe der Evolution“ in der Überschrift hat aber eine unterhaltende Intention.

M __: ______________________________________________

______________________________________________

**4** Wo gibt es in Material **M 1** eine kritisierende Intention? Zitiere die Textstelle.

**5** Welche Aufgabe hat die Rundfunkgesellschaft, auf deren Internetseite das Material **M 3** erschienen ist?
Beantworte die Frage mithilfe des folgenden Textes.

Die „Stimme Russlands" ist eine staatliche Rundfunkgesellschaft, die seit 1929 Sendungen ins Ausland sendet. Das Anliegen des Rundfunksenders ist es, die Weltgemeinschaft mit dem politischen, ökonomischen, sozialen und kulturellen Leben in Russland vertraut zu machen, seinen Standpunkt zu den Weltereignissen darzulegen, effektiven Dialog mit den Landsleuten im Ausland zu unterstützen, Popularisierung der russischen Kultur und der russischen Sprache zu fördern, und zwar mit dem Ziel, das russischsprachige Kulturmilieu im nahen und fernen Ausland zu erhalten und zu entwickeln.

**6** Welche Wörter lassen auf die legitimierende Intention von **M 3** schließen?
Markiere wertende und rechtfertigende Wörter in Material **M 3**.
**Tipp:** Achte besonders auf die Zeilen 1 bis 5 und 21 bis 34.

**7** Vergleiche die Intentionen der drei Materialien. Schreibe in ganzen Sätzen.
Belege eine deiner Aussagen mit einem Zitat.
**Tipp:** Beziehe die Überschriften der Texte in deinen Vergleich mit ein.

### Du schreibst deinen Text zu den Materialien M 1, M 2 und M 3.

**8** Bearbeite den Arbeitsauftrag von Seite 4.
- Verwende dabei deine Ergebnisse von den Seiten 6 bis 9.
- Beachte für Teilaufgabe **c)** die Arbeitstechnik „Zitieren".
- Du kannst den Text auch mit dem Computer schreiben.

➤ Die Arbeitstechnik „Zitieren" findest du in der vorderen Klappe.

# Einen informativen Text schreiben

**Auf der Grundlage der unterschiedlichen Materialien erarbeitest du einen eigenen informativen Text über die Erforschung des Wostoksees.**

**1** Lies deinen Arbeitsauftrag mithilfe der Arbeitstechnik „Prüfungsaufgaben verstehen".

Arbeitstechnik „Prüfungsaufgaben verstehen" ➤ S. 20–21

**Dein Arbeitsauftrag**

Verfasse auf der Grundlage der Materialien **M 1** bis **M 3** einen informativen Text über die Erforschung des Wostoksees für die Schülerzeitung.
Berücksichtige für deine eigenständige Darstellung folgende Teilaufgaben:

a) Formuliere eine Einleitung, in der du die Lage und die Besonderheiten des Wostoksees kurz darstellst.
b) Stelle die Beweggründe für die Erforschung des Wostoksees dar.
c) Erkläre anhand der Materialien, mit welchen technischen Mitteln der Wostoksee erforscht werden soll.
d) Stelle die Kritik an der Erforschungsmethode dar.
e) Erläutere anhand der Materialien, wie derartige Forschungen gestaltet sein müssen, um brauchbare Forschungsergebnisse zu erhalten.
f) Äußere zum Schluss deine eigene Meinung zur Erforschung des Wostoksees und begründe sie.
g) Notiere am Ende deines Textes die von dir genutzten Quellen.

**Du gliederst die Informationen mithilfe deines Arbeitsauftrags.**

### Informationen gliedern

Materialien zum Wostoksee ➤ S. 4–6

**2** **a.** Schreibe für die Teile deines Textes über den Wostoksee Überschriften auf. Orientiere dich dabei an den Teilaufgaben deines Arbeitsauftrags.
**b.** Notiere zu jeder Überschrift wichtige Informationen in Stichworten.

a) *Einleitung* ____________________

*Wostoksee in der Antarktis,* ____________________

____________________

b) *Gründe für die Erforschung des Sees* ____________________

____________________

____________________

c) ____________________

____________________

____________________

____________________

d) ____________________

____________________

____________________

e) *Bedingungen für erfolgreiche Forschungen* ____________________

____________________

____________________

**3** Was ist deine Meinung zur Erforschung des Wostoksees? Äußere deine Meinung und begründe sie in ganzen Sätzen.

**den Schluss schreiben**

f) **Schluss:** ______________________________

______________________________

______________________________

______________________________

______________________________

______________________________

**4** Wie willst du die Leserinnen und Leser mit der Überschrift neugierig machen? Schreibe eine Überschrift für deinen informativen Text auf.

**die Überschrift formulieren**

**Überschrift:** ______________________________

______________________________

**5** Welche Quellen (Materialien) verwendest du für deinen informativen Text? Notiere die Überschriften und die Seitenangaben aus dem Arbeitsheft.

**Quellen angeben**

g) ______________________________

______________________________

**Du formulierst deinen Text. Dafür überlegst du dir, für wen du schreibst, und legst fest, welche Absicht du mit deinem Text verfolgst.**

**6** Wer ist laut Arbeitsauftrag der Adressat deines Textes? Schreibe auf.

______________________________

______________________________

**7** Wie schreibst du deinen Text, um deinen Arbeitsauftrag zu erfüllen und damit er für die Zielgruppe verständlich ist? Kreuze an.

- ☐ Ich verwende viele Satzgefüge und Fremdwörter, um die Leser zu beeindrucken.
- ☐ Ich verwende nur wichtige Fremdwörter und erkläre sie, wenn nötig.
- ☐ Ich lasse die Grundinformationen weg, weil meine Leser den See kennen.
- ☐ Ich verwende möglichst einfache Sätze, damit der Text gut zu lesen ist.
- ☐ Ich nutze die Teilaufgaben **a)** bis **f)** aus dem Arbeitsauftrag als Überschriften, damit die Lehrkraft sieht, dass ich alle Aufgaben erfülle.
- ☐ Ich gliedere den Text in Absätze, damit er übersichtlich zu lesen ist.
- ☐ Ich setze Wiederholungen und sprachliche Bilder ein, um die Wirkung meines Textes zu steigern und die Leser zu unterhalten.
- ☐ Ich schreibe sachlich, weil es sich um einen informativen Text handelt.

**8** Schreibe mithilfe deiner Gliederung deinen informativen Text in dein Heft. Löse dabei alle Teilaufgaben deines Arbeitsauftrags.
- Beachte die Arbeitstechnik „Einen informativen Text schreiben".
- Schreibe in eigenen Worten und verwende keine Zitate.
- Du kannst den Text auch mit dem Computer schreiben.

➤ Die Arbeitstechnik „Einen informativen Text schreiben" findest du vorne auf der inneren Umschlagseite.

# Eine Argumentation schreiben

## Eine Argumentation planen

Du übst, in einem Leserbrief Stellung zu beziehen und zu argumentieren. Du schreibst deinen Leserbrief zu der folgenden Aussage aus dem Zeitungsartikel „Innere Werte zählen nicht!“ vom vergangenen 22. November: „Für Jugendliche sollte es grundsätzlich verboten sein, sich piercen oder tätowieren zu lassen.“

**1** Was weißt du über das Thema? Welche Meinung hast du selbst dazu? Notiere deine Gedanken zu dem Thema in Stichworten in deinem Heft.

**2** Sammle in der Tabelle Pro- und Kontra-Argumente zum Diskussionsthema. **Argumente sammeln**

| Argumente für und gegen das Piercen und Tätowieren bei Jugendlichen | |
|---|---|
| **Pro-Argumente** | **Kontra-Argumente** |
| *Jugendliche sind alt genug, um selbst zu entscheiden, ob und wie sie ihren Körper schmücken wollen.* | *Jugendliche können noch nicht abschätzen, ob sie den Körperschmuck dauerhaft tragen wollen.* |
| | |
| | |
| | |
| | |

**3** Entscheide mithilfe der Argumente in der Tabelle, welchen Standpunkt du in deinem Leserbrief vertreten willst. Kreuze an.

**den eigenen Standpunkt festlegen**

- ☐ Ich bin dafür, dass sich Jugendliche piercen und tätowieren lassen dürfen.
- ☐ Ich bin dagegen, dass sich Jugendliche piercen und tätowieren lassen dürfen.

**4** **a.** Wähle drei Argumente aus, die deinen Standpunkt unterstützen. Nummeriere sie auf Seite 12 in der Reihenfolge ihrer Überzeugungskraft. Das überzeugendste Argument erhält also die Nummer 3.
**b.** Ergänze zu deinen drei Argumenten passende Beispiele oder Belege.

**Argumente auswählen, ordnen und durch Beispiele verdeutlichen**

| **Beispiele oder Belege für die Argumente 1 bis 3** |
| --- |
| 1 ______________________________<br>______________________________<br>______________________________ |
| 2 ______________________________<br>______________________________<br>______________________________ |
| 3 ______________________________<br>______________________________<br>______________________________ |

**5** **a.** Welche drei Gegenargumente willst du entkräften? Markiere diese Argumente der Gegenmeinung in der Tabelle auf Seite 12.
**b.** Entkräfte diese Gegenargumente mit wirkungsvollen Formulierungen. Du kannst die Wörter und Wortgruppen vom Rand verwenden.

**Gegenargumente entkräften**

| **Entkräftung der Gegenargumente** |
| --- |
| ______________________________<br>______________________________<br>______________________________ |
| ______________________________<br>______________________________<br>______________________________ |
| ______________________________<br>______________________________<br>______________________________ |

Obwohl einige Leute meinen, dass …
Trotz …
Auch wenn …
Zwar behaupten einige, dass …, aber …
Einerseits befürchtet man, dass …, andererseits …

# Die Argumentation schreiben und überarbeiten

**Du schreibst deinen Leserbrief gegliedert auf.**

**Du beginnst mit der Einleitung.**

die Einleitung schreiben

**6** Nenne in der Einleitung das Thema und den Anlass deines Leserbriefes. Du kannst deine Position dabei schon anklingen lassen.

*Sehr geehrte Damen und Herren,*

*in Jhrem Artikel „Jnnere Werte zählen nicht“ vom 22. November äußerten*

*Sie die Meinung, dass*

**7** Schreibe eine Gliederung für den Hauptteil des Leserbriefes in Stichworten.

den Hauptteil gliedern

- Ordne die Gegenargumente und Argumente nach dem Prinzip der Sanduhr.
- Entkräfte mindestens ein Gegenargument.
- Veranschauliche deine eigenen Argumente mit Beispielen und Belegen.

**stärkstes Gegenargument:** ______

Entkräftung: ______

**mittleres Gegenargument:** ______

Entkräftung: ______

**schwächstes Gegenargument:** ______

Entkräftung: ______

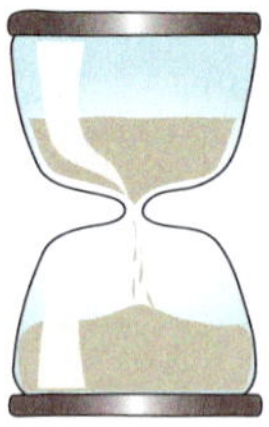

**schwächstes Argument:** ______

Beispiel: ______

**mittleres Argument:** ______

Beispiel: ______

**stärkstes Argument:** ______

Beispiel: ______

**8** Schreibe den Hauptteil deiner Argumentation in dein Heft.
- Nutze deine Gliederung aus Aufgabe 7 auf Seite 14.
- Du kannst die folgenden Formulierungshilfen verwenden.

**Tipp:** Beginne jeden neuen Gedanken mit einem Absatz.

die Argumentation ausformulieren

So kannst du die Gegenposition einleiten:
Von vielen Leuten wird die Ansicht vertreten, ...
Häufig wird geäußert, ...
Manche Menschen meinen ernsthaft, ...

So kannst du die Argumente der Gegenposition einleiten:
Nicht ganz zu Unrecht gibt es Bedenken, ...
Deshalb wird den ... oft entgegengehalten, ...
Es ist ja nicht ganz falsch, ...

So kannst du deine Position einleiten:
Wie vor mir schon viele Menschen behaupte ich, ...
Meiner Meinung nach ist ...
Ich hingegen bin davon überzeugt, dass ...

So kannst du deine Argumente einleiten:
Richtig ist in diesem Zusammenhang, dass ...
Unzweifelhaft wichtig ist, ...
Entscheidend ist aus meiner Sicht, ...

**9** Formuliere einen Schluss, in dem du deine Position zusammenfasst. Du kannst die Formulierungen vom Rand verwenden.

den Schluss schreiben

Zusammenfassend kann man ...
Wenn man das Für und Wider abwägt, kommt man zu dem Schluss, dass ...
Letztlich kann niemand ..., aber dennoch ...
Unterm Strich überwiegen die ...

______________________________
______________________________
______________________________
______________________________
______________________________
______________________________
______________________________

**10** Schreibe den vollständigen Leserbrief in dein Heft.
- Beachte alle Anforderungen an einen offiziellen Brief.
- Verknüpfe deine Argumente, Gegenargumente und Beispiele miteinander. Du kannst die folgenden Konjunktionen verwenden.

weil, denn, da, deshalb, obwohl, sondern, einerseits, andererseits

den Leserbrief schreiben

➤ Die Arbeitstechnik „Eine Argumentation schreiben“ findest du vorne auf der inneren Umschlagseite.

**11** Überarbeite deinen Text mithilfe der Checkliste.

| **Checkliste: Eine Argumentation schreiben** | ja | nein |
|---|---|---|
| Habe ich in der **Einleitung** das **Thema/Problem** benannt? | ☐ | ☐ |
| Habe ich im **Hauptteil** je drei **Pro-** und drei **Kontra-Argumente** genannt? | ☐ | ☐ |
| Habe ich die Argumente nach dem **Sanduhrprinzip** angeordnet? | ☐ | ☐ |
| Habe ich den **Aufbau der Argumente** (These, Argument, Beispiel) beachtet? | ☐ | ☐ |
| Habe ich meinen **eigenen Standpunkt** genannt und begründet? | ☐ | ☐ |
| Habe ich abwechslungsreiche **Satzanfänge** und **Überleitungen** verwendet? | ☐ | ☐ |
| Habe ich einen passenden **Schluss** geschrieben? | ☐ | ☐ |

# Eine Kurzgeschichte interpretieren

## Eine Kurzgeschichte untersuchen

den Text lesen

Einen Text, den du interpretieren willst, liest du besonders aufmerksam. Du markierst mit Bleistift, was dir auffällt, und stellst Fragen an den Text.

**1** a. Lies die Kurzgeschichte mithilfe des Textknackers.
b. Was fällt dir auf? Unterstreiche Besonderheiten mit Bleistift und notiere deine Beobachtungen am Rand.
c. Welche Fragen kannst du an den Text stellen? Notiere deine Fragen am Rand oder in deinem Heft.

➤ Die Arbeitstechnik „Der Textknacker für literarische Texte“ findest du in der vorderen Klappe.

### Cornflakes – Otto F. Walter

Der Kleine schob den Stuhl unters Fenster. Dann schaute er zu Christa hinüber. Sie kniete noch immer neben dem Fenster, noch immer drückte sie rote Farbe in die Augen der Puppe. Er holte den Schemel, stieg hinauf, jetzt kletterte er auf den Stuhl. Als er aufstand, konnte er durch die Scheiben den Scheinwerfer der Sonne sehen. Er konnte unten die Straße sehen, den Hund, die zwei Frauen mit den Taschen. Christa sagte: Komm herunter. Die Mutter war unten noch immer nicht zu sehen. Er versuchte, das Fenster zu öffnen. Es ist verboten, sagte Christa. Der Kleine sagte: Nur Mädchen dürfen nicht. Christa schaute herüber: Komm sofort herunter. Der Kleine wusste, sie kam jetzt gleich und presste ihn an sich und holte ihn vom Stuhl. Sie war größer als er. Ich darf, sagte er. Der Fensterriegel in seiner Hand fasste sich kalt an. Als Christa kam, trat er nach ihr. Sie stellte ihn auf den Boden und zog den Stuhl weg. Er lief in die Küche. Neben dem Kühlschrank setzte er sich in die Ecke. Christa ist eine Sau. Er wischte sich mit dem Handrücken die Tränen weg. Männer weinen nicht. Er wollte jetzt Cornflakes haben. Er stand auf, kletterte auf den Hocker, dann bekam er die Packung zu fassen. Er kauerte sich wieder in die Ecke. Für einen Augenblick hatte er Christa ganz nah vor sich, er nahm das große Messer und stach hinein. Christa weinte. Männer sind stark. Männer weinen nicht. Cornflakes machen stark. Er kaute, kaute, kaute.

- *Hauptfigur „klein“. Wieso ohne Namen?*

die Handlungsbausteine untersuchen

**2** Untersuche die Geschichte mithilfe der Handlungsbausteine. Notiere zu jedem Handlungsbaustein Stichworte.

Hauptperson/Situation
Wunsch
Hindernis
Reaktion
Suche

➤ Die Arbeitstechnik „Eine Geschichte verstehen: Die Handlungsbausteine“ findest du hinten auf der inneren Umschlagseite.

**3** Fasse den Inhalt der Geschichte in wenigen Sätzen zusammen. Verwende dabei deine Ergebnisse aus Aufgabe 2. Schreibe im Präsens.

**den Inhalt zusammenfassen**

➤ Die Arbeitstechnik „Eine Inhaltsangabe schreiben" findest du vorne auf der inneren Umschlagseite.

Merkwissen

**Die Merkmale einer Kurzgeschichte**

Eine **Kurzgeschichte** ist eine knappe, moderne Erzählung. Nicht nur die Geschichte selbst ist **kurz**, sondern auch der **erzählte Zeitraum** (meist unter 24 Stunden).
Kurzgeschichten handeln von wenigen **Figuren**. Die **Situation** erscheint auf den ersten Blick **alltäglich**, enthält aber ein wichtiges **Problem** oder einen entscheidenden **Wendepunkt** im Leben der Figuren.
Der **Einstieg (Anfang)** ist **unvermittelt** wie ein Sprung mitten ins Geschehen.
Das **Ende** bleibt ganz oder teilweise **offen** und fordert die Leser auf, selbst über den Ausgang und eine Lösung nachzudenken.

**4** **a.** Weise die Merkmale der Kurzgeschichte für den Text „Cornflakes" nach. Schreibe zu jedem Merkmal Stichworte auf. Belege sie mit Zeilenangaben.

**die Merkmale einer Kurzgeschichte untersuchen**

**kurzer Ausschnitt (Zeitraum):** ______

**alltägliches Geschehen:** ______

**geringe Anzahl von Figuren:** ______

**Problem/Wendepunkt:** ______

**unvermittelter Einstieg:** ______

**offenes Ende:** ______

**b.** Gibt es in der Geschichte einen Wendepunkt? Beschreibe einen möglichen Wendepunkt und begründe deine Wahl in ganzen Sätzen.

Merkwissen

**Die Erzählperspektive untersuchen**

In Kurzgeschichten und Romanen präsentiert ein **Erzähler** das Geschehen. Seine **Perspektive** (der Blickwinkel, aus dem erzählt wird) und sein **Erzählverhalten** haben Einfluss darauf, wie der Leser die Geschichte wahrnimmt.

Der **Ich-Erzähler** spricht in der **Ich-Form**. Er erscheint gleichzeitig als erlebende und als erzählende Figur.

Der **auktoriale Erzähler** steht außerhalb der Handlung. Er ist **allwissend**, das heißt, er kennt die Gedanken und Gefühle aller Figuren, und er kann Rückblenden und Vorausdeutungen einschalten. Häufig wendet er sich direkt an den Leser und urteilt in **Kommentaren** über die Figuren.

Der **personale Erzähler** spricht in der **Er-/Sie-Form** und erzählt ganz **aus der Perspektive einer bestimmten Figur**. Er gibt die Gedanken und Gefühle dieser Figur wieder. Die Leser erfahren nur, was die Figur selbst weiß. Diese Erzählweise **folgt** also immer **dem Blick der Figur**.

**die Erzählperspektive untersuchen**

**5** Untersuche die Erzählperspektive in „Cornflakes".
Kreuze an, ob die Aussagen zutreffen oder nicht.

| | trifft zu | trifft nicht zu |
|---|---|---|
| a) Die Kurzgeschichte ist in der Er-/Sie-Form verfasst. | ☐ | ☐ |
| b) Das Äußere der Figuren wird sehr genau beschrieben. | ☐ | ☐ |
| c) Der Erzähler bewertet das Verhalten des Jungen. | ☐ | ☐ |
| d) Der Erzähler verschwindet ganz hinter der Hauptfigur. | ☐ | ☐ |
| e) Der Erzähler kennt die Gedanken von beiden Hauptfiguren. | ☐ | ☐ |
| f) Der Leser erfährt immer nur, was der kleine Junge weiß. | ☐ | ☐ |

**6** **a.** Welche Erzählperspektive liegt in „Cornflakes" vor? Kreuze an.

☐ Ich-Erzähler ☐ auktorialer Erzähler ☐ personaler Erzähler

**b.** Begründe deine Wahl mithilfe von Zitaten. Schreibe in dein Heft.

Arbeitstechnik

**Eine literarische Figur charakterisieren**

- Untersuche vor allem **Gedanken, Gefühle und Wünsche** der Figuren.
- Wichtig ist das **Verhältnis der Figuren zueinander**. Es kann zum Beispiel von **Freundschaft** oder einem **Konflikt** bestimmt sein.
- Deine Charakterisierung der Figuren belegst du mit **Textstellen**.
- Das Äußere beschreibst du nur, wenn es für die Handlung wichtig ist.

**die Figuren und ihr Verhältnis zueinander charakterisieren**

**7** **a.** Schreibe auf, was die über die Figuren erfährst.

der Kleine: ______________________________

______________________________

Christa: ______________________________

die Mutter: ______________________________

**b.** Beschreibe das Verhältnis der Hauptfigur zu seiner Schwester.
Belege deine Aussagen mit geeigneten Textstellen.

______________________________

______________________________

# Die Interpretation schreiben

**Deine Deutung wichtiger Textstellen begründest du überzeugend.**

Textstellen deuten

„Er wollte jetzt Cornflakes haben. Er stand auf, kletterte auf den Hocker, dann bekam er die Packung zu fassen. Er kauerte sich wieder in die Ecke. Für einen Augenblick hatte er Christa ganz nah vor sich, er nahm das große Messer und stach hinein. Christa weinte."
(Z. 19–23)

**1** **a.** Welcher Deutung dieser Textstelle stimmst du zu? Kreuze an.
**b.** Begründe deine Entscheidung in ganzen Sätzen.
Beziehe dich dabei möglichst auf den Wortlaut der Textstelle.

☐ Markus: „Der Junge ist so wütend auf die Schwester, dass er ein Messer nimmt und auf sie einsticht, bis sie weint."

☐ Fynn: „Der Junge ist voller Wut auf die große Schwester und wünscht sich, groß und stark zu sein. Schließlich stellt er sich sogar vor, mit einem Messer in Christa hineinzustechen, bis sie weint."

☐ Leonie: „Am Schluss der Kurzgeschichte wird klar, dass der Junge verrückt ist. Er hat Halluzinationen und glaubt, dass er seine Schwester ersticht."

**2** Welche Bedeutung haben folgende Gegenstände für die Hauptfigur?
**a.** Schreibe auf, wofür sie stehen könnten.
**b.** Belege deine Deutung mit passenden Textstellen.

*Der Stuhl, der Schemel und der Hocker stehen für den Wunsch* __________

____________________

____________________

*Die Packung Cornflakes* __________

____________________

*Das große Messer* __________

____________________

**3** Schreibe eine **Einleitung** für deine Interpretation in einem Satz auf.

die Einleitung schreiben

____________________

____________________

____________________

____________________

____________________

____________________

➤ Die Arbeitstechnik „Die Interpretation einer Kurzgeschichte schreiben" findest du vorne auf der inneren Umschlagseite.

**4** Schreibe die vollständige Interpretation in dein Heft.
- Verwende deine Ergebnisse der Aufgaben auf den Seiten 16–19.
- Belege deine Interpretation mit Angaben von Textstellen und Zitaten.
- Prüfe die Rechtschreibung und die Zeichensetzung.

die Interpretation schreiben

# Prüfungsaufgaben verstehen

**In einer Prüfung liest du zuerst deinen Arbeitsauftrag und notierst dir, was du tun sollst. Du beschreibst deine Aufgaben in eigenen Worten.**

**1** **a.** Lies die Aufgaben des Arbeitsauftrags Satz für Satz.
**b.** Markiere die Aufforderungsverben (Operatoren) in den Aufgaben.

**Dein Arbeitsauftrag**

Verfasse auf der Grundlage der Materialien **M 1** bis **M 3** einen informativen Text über die Erforschung des Wostoksees für die Schülerzeitung. Berücksichtige dabei folgende Teilaufgaben:

a) Formuliere eine Einleitung, in der du die Lage und die Besonderheiten des Wostoksees kurz darstellst.
b) Stelle die Beweggründe für die Erforschung des Wostoksees dar.
c) Erkläre anhand der Materialien, mit welchen technischen Mitteln der Wostoksee erforscht werden soll.
d) Stelle die Kritik an der Erforschungsmethode dar.
e) Erläutere anhand der Materialien, wie derartige Forschungen gestaltet sein müssen, um brauchbare Forschungsergebnisse zu erhalten.
f) Äußere zum Schluss deine eigene Meinung zur Erforschung des Wostoksees und begründe sie.
g) Notiere am Ende deines Textes die von dir genutzten Quellen.

Materialien über den Wostoksee
➤ **S. 4–6**

➤ Diese Prüfungsaufgabe findest du auf **Seite 10**.

**2** **a.** Welche weiteren Angaben im Arbeitsauftrag musst du beachten? Kreise die einzelnen Angaben mit Bleistift ein.
**b.** Beschreibe folgende Angaben noch einmal in eigenen Worten.

„Verfasse [...] einen informativen Text“: ______________________

______________________

______________________

„auf der Grundlage der Materialien **M 1** bis **M 3**“: ______________________

______________________

„für die Schülerzeitung“: ______________________

______________________

„über die Erforschung des Wostoksees“: ______________________

______________________

**3** Welche Aussagen treffen zu – welche nicht? Kreuze an.

| | trifft zu | trifft nicht zu |
|---|---|---|
| a) Ich suche mir ein Material aus, auf das sich meine Darstellung vollständig bezieht. | ☐ | ☐ |
| b) Ich stelle meine eigene Meinung zur Erforschung des Wostoksees ausführlich und begründet dar. | ☐ | ☐ |
| c) Ich stelle mir vor dem Schreiben die Frage, an wen sich mein Text richtet. | ☐ | ☐ |
| d) Ich nutze für meine Darstellung die Informationen aus allen drei Materialien. | ☐ | ☐ |

Aufforderungsverben (Operatoren)

**4** Was bedeuten die Aufforderungsverben **formulieren**, **darstellen** und **verfassen**? Kreuze für jeden Operator zutreffende Aussagen an.
**Tipp:** Es kann in jeder Zeile ein, zwei, drei oder gar kein Kreuz(e) geben.

| **Das Aufforderungsverb (der Operator) ...** | **formulieren** | **darstellen** | **verfassen** |
|---|---|---|---|
| ... fordert die Darstellung eines Zusammenhangs. | ☐ | ☐ | ☐ |
| ... fordert Formulierungen in vollständigen Sätzen. | ☐ | ☐ | ☐ |
| ... fordert eine Strukturierung des eigenen Textes. | ☐ | ☐ | ☐ |
| ... kann die Verwendung von Zitaten beinhalten. | ☐ | ☐ | ☐ |
| ... bezieht sich meist auf große Schreibaufträge. | ☐ | ☐ | ☐ |

**5** Was bedeuten die Aufforderungsverben **notieren, erklären** und **erläutern**? Kreuze für jeden Operator zutreffende Aussagen an.
**Tipp:** Es kann in jeder Zeile ein, zwei, drei oder gar kein Kreuz(e) geben.

| **Das Aufforderungsverb (der Operator) ...** | **notieren** | **erklären** | **erläutern** |
|---|---|---|---|
| ... gibt an, dass nur Sachinformationen genannt werden. | ☐ | ☐ | ☐ |
| ... gibt an, dass die Sprache sachlich sein soll. | ☐ | ☐ | ☐ |
| ... gibt an, dass Sachverhalte umfassend dargestellt werden. | ☐ | ☐ | ☐ |
| ... gibt an, dass Beispiele genannt werden können. | ☐ | ☐ | ☐ |

**6** **a.** Schreibe alle Operatoren der Teilaufgaben **a** bis **f** in eine Tabelle im Heft.
**b.** Schreibe für alle Teilaufgaben in eigenen Worten dazu, was du tun sollst.

Starthilfe

| **Teilaufgabe** | **Aufforderungsverb (Operator)** | **Ich soll ...** |
|---|---|---|
| a) | formulieren,<br>kurz darstellen | ... die Einleitung in eigenen ganzen Sätzen schreiben.<br>... dabei die Lage und die Besonderheiten des Sees kurz nennen. |
| | ... | ... |

**7** Wozu fordern die folgenden Operatoren auf? Verbinde.

| | |
|---|---|
| **begründen** | Ich soll Textinformationen in eigenen Worten kurz zusammenfassen, ohne sie zu bewerten. |
| **interpretieren** | Ich soll für meine Aussagen über den Text Argumente anführen. |
| **bewerten** | Ich soll die Merkmale, die Eigenheiten und die Entwicklung einer Figur beschreiben. |
| **zusammenfassen, wiedergeben** | Ich soll vorgegebene Thesen oder eigene Behauptungen mithilfe von Textstellen belegen. |
| **nachweisen** | Ich soll Sachverhalte in Texten beurteilen und mein Urteil begründen. |
| **charakterisieren** | Ich soll einen Text genau untersuchen und die dabei gewonnenen Informationen deuten. |

Prüfungsaufgaben mit Operatoren von dieser Seite ➤ S. 30, 42, 56

# Aufgabentypen in Tests und Prüfungen

**Du lernst wichtige Aufgabentypen kennen, die in Prüfungen vorkommen. Die Beispielaufgaben kannst du mit den Materialien über den Wostoksee lösen.**

Materialien über den Wostoksee
➤ S. 4–6

**Merkwissen**

Bei einer **Multiple-Choice-Aufgabe** (Auswahl-Aufgabe) musst du unter mehreren falschen Aussagen **eine richtige** herausfinden.
**Achtung:** Lies die Aufgabe genau, denn manchmal wird auch nach der **falschen** Aussage gefragt.

**1** Wo befindet sich der Wostoksee? Kreuze an.
Der Wostoksee befindet sich ...

- ☐ a) ... in Sibirien.
- ☐ b) ... in der Antarktis.
- ☐ c) ... in der Arktis.
- ☐ d) ... unter dem Gletschereis Grönlands.

**Merkwissen**

Bei einer **Richtig-Falsch-Aufgabe** musst du für mehrere Aussagen entscheiden, ob sie zutreffen oder nicht. **Achtung:** Oft hängt die Entscheidung nur von einem Wort ab. Lies die Aussagen sehr genau.

**2** Kreuze an, welche Aussagen zutreffen und welche nicht.

| | trifft zu | trifft nicht zu |
|---|---|---|
| a) Nach internationaler Kritik haben die russischen Forscher die Bohrtechnik verändert. | ☐ | ☐ |
| b) Im Wostoksee gibt es unbekannte Lebensformen. | ☐ | ☐ |
| c) Im Wostoksee könnte es bislang unbekannte Lebensformen geben. | ☐ | ☐ |
| d) Im Wostoksee werden keine bislang unbekannten Lebensformen vermutet. | ☐ | ☐ |

**Merkwissen**

In **halboffenen Aufgaben** vervollständigst du einen vorgegebenen Satzanfang. Achte darauf, dass der Satz durch deine Ergänzung vollständig ist.

**3** Vervollständige den folgenden Satz mit einer Begründung.

*Das Anbohren des Wostoksees wurde 1998 zunächst unterbrochen, weil*

**Merkwissen**

Eine **Kurzantwort-Aufgabe** verlangt eine selbstständig formulierte Antwort auf die Frage zu einem Text. **Achtung:** Schreibe so kurz und knapp wie möglich, aber immer in einem vollständigen Satz.

**4** Welchem Zweck dient die Einleitung bei einem informativen Text?

# In Tests und Prüfungen gute Ergebnisse erzielen

Du löst die Aufgaben in Tests und Prüfungen planvoll und ruhig.

**1** a. Lies den folgenden Arbeitsauftrag aus einer Prüfung.
b. Wie gehst du vor, wenn die Materialien und Aufgaben vor dir liegen und die Bearbeitungszeit läuft? Beschreibe, wie du Schritt für Schritt vorgehst.

**Dein Arbeitsauftrag**

Nach der Aussetzung der Wehrpflicht wird in den Medien das folgende Thema diskutiert:
**„Sollten alle Schüler/-innen nach der Schulzeit zu einem sozialen Jahr verpflichtet werden?"**
Die Redaktion eurer Schülerzeitung will dem Thema die nächste Ausgabe widmen. Nimm in Form eines Leserbriefs zu dem Thema begründet Stellung. Beachte dabei die Form des offiziellen Briefs.
Deinen Leserbrief richtest du an die Adresse der Redaktion eurer Schülerzeitung.

➤ Die Prüfung mit dieser Aufgabe findest du auf den **Seiten 38 bis 49**.

**2** a. Lies die folgende Arbeitstechnik.
b. Überarbeite dein Ergebnis aus Aufgabe 1 b. Schreibe in dein Heft.

Arbeitstechnik

**In Prüfungen gute Ergebnisse erzielen**
Mit der richtigen Strategie holst du bei jeder Prüfung aus deiner Vorbereitung das bestmögliche Ergebnis heraus.

1. Verschaffe dir einen **Überblick** darüber, was du leisten sollst. **Überfliege** dazu alle **Materialien**, **Schreibaufträge** und **Einzelaufgaben**.
2. **Lies Schreibaufträge** genau, damit du weißt, worauf du beim Lesen der Materialien achten musst.
3. **Teile** deine verbleibende **Bearbeitungszeit** auf die Schritte 4 bis 8 **ein**.
4. **Lies die Materialien** in Ruhe durch. Nutze dabei den Textknacker.
5. **Bearbeite die Einzelaufgaben.** Lies sie vorher genau.
   **Tipp:** Überspringe die für dich vorerst „unlösbaren" Aufgaben. Bearbeite sie zum Schluss in deiner Reservezeit.
6. **Bearbeite deinen Schreibauftrag.** Nutze dafür geeignete Arbeitstechniken.
7. **Überarbeite dein Ergebnis** zu dem Schreibauftrag (mit Checklisten). Achte auf die Rechtschreibung, die Grammatik und deinen Stil.
8. **Kontrolliere deine Lösungen** zu den Einzelaufgaben. Achte auf Flüchtigkeitsfehler.
9. **Nutze deine Reservezeit.** Bearbeite zuvor ausgelassene Aufgaben.

# Prüfung: Sachtexte erschließen und schreiben

**Die Prüfungsaufgaben zu den folgenden Materialien bestehen aus den drei Prüfungsteilen Leseverstehen, Schreibauftrag und Sprachwissen.**

1. Leseverstehen ➤ S. 27–29
2. Schreibauftrag ➤ S. 30–31
3. Sprachwissen ➤ S. 32–33

**1** Lies die folgenden Texte und Grafiken mithilfe des Textknackers.

➤ Die Arbeitstechnik „Der Textknacker“ findest du in der vorderen Klappe.

*Material 1 (M 1)*

## Zwerge mit Riesenpotenzial – Birgit Niesing, Fraunhofer-Magazin

**Nie mehr Fenster putzen, keine Flecken mehr auf der Kleidung, Sonnenbaden ohne Reue – Nanoteilchen machen es möglich. Doch das ist erst der Anfang. Von der Nanotechnologie können alle Branchen profitieren – vom Autobau bis zur Medizin. Experten sagen der Zukunftstechnologie ein riesiges Marktpotenzial voraus.**

Tasche auf, Sonnenmilch raus und dann kräftig eincremen. Das war diesen Sommer nicht nur am Badestrand ein alltägliches Ritual, wenn man einen Sonnenbrand vermeiden wollte. Für den wirksamen Schutz vor den gefährlichen UV-Strahlen sorgen in vielen Produkten winzige Nanoteilchen. Mit bloßem Auge sind die Partikel nicht zu erkennen. Man braucht ein Rasterelektronenmikroskop, um die nur wenige Nanometer kleinen Teilchen aus Zink- oder Titandioxid zu sehen.
Ein Nanometer ist der milliardste Teil eines Meters. Das ist so unvorstellbar klein, dass Vergleiche mit bekannten Dingen merkwürdig klingen. Ein menschliches Haar müsste man etwa 50 000-mal spalten, damit es einen Nanometer dünn wäre. Aber wer macht das schon? Und dass ein Fußball im Vergleich zur Erde genauso klein ist wie ein Nanoteilchen im Verhältnis zum runden Leder, erleichtert die Vorstellung auch nur bedingt. Doch obwohl die Teilchen so unbeschreiblich klein sind, erwarten Experten wahre „Wunderdinge“ von den Winzlingen. Sie sollen Autolacke ermöglichen, die auf Knopfdruck die Farbe ändern, Materialien mit maßgeschneiderten Eigenschaften versehen oder Krebsmedikamente direkt ins Tumorgewebe schleusen. Die Nanotechnologie soll unseren Alltag ähnlich revolutionieren wie Dampfmaschinen oder der Computer. „Kein Lebensbereich und kein Zweig der Wirtschaft wird von den Auswirkungen der Nanotechnik unberührt bleiben“, sagt der Nanowissenschaftler Prof. Wolfgang Heckl.
Doch was ist das Besondere an den Nanoteilchen? „In der Nanowelt gelten andere Gesetze als in der Makrowelt. Bekannte Materialien verändern in Nanogröße ihre Eigenschaften. Die Stoffe haben andere Farben, Schmelzpunkte oder elektrische Leitfähigkeiten“, erläutert Dr. Karl-Heinz Haas, Leiter des Fraunhofer-Verbunds Nanotechnologie. Keramik wird transparent, Gold hat eine rote Farbe, Metalle werden zu Halbleitern.
Zahlreiche Nanoprodukte sind bereits auf dem Markt: Nanoschichten machen Kunststoffgläser kratzfest, maßgeschneiderter Ruß sorgt für gute Haftung bei den Autoreifen und neuartige Barrierefüllstoffe verhelfen Tennisbällen zu längerer Haltbarkeit.

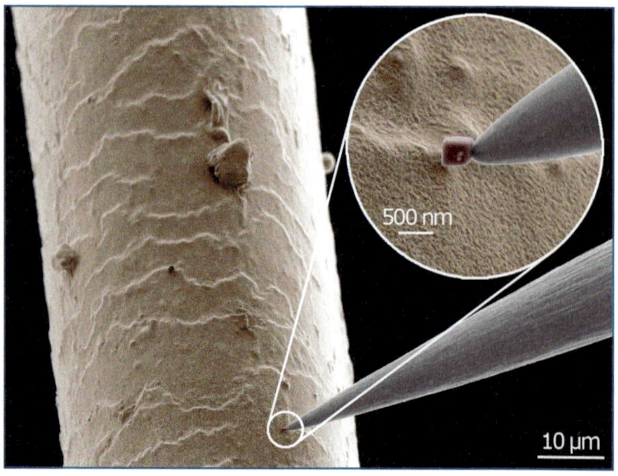


Vergrößerung eines Nanoteilchens an der Spitze einer Nadel vor dem Hintergrund eines menschlichen Haars. nm = Nanometer, µm = Mikrometer

Nanotechnologie kann vor allem die Medizin verändern. Medikamente, die sich selbstständig ihren Weg durch den Körper bahnen und, am Ziel angekommen, genau die kranken Zellen angreifen – das ist seit jeher der Traum der Mediziner und Pharmazeuten.

Doch unumstritten ist die Nanotechnologie nicht. Was passiert, wenn Nanopartikel in unseren Körper gelangen? Wie wirken sich die Winzlinge auf die Umwelt aus? Ultrafeine Partikel belasten den menschlichen Körper nicht erst, seitdem es Nanoprodukte gibt. Feinste Stäube werden auch bei Verbrennungsprozessen freigesetzt. Untersuchungen zeigen: Je kleiner die Partikel sind, desto tiefer gelangen sie über die Atmung auch in die Lunge. Eines ist schon jetzt klar: „Nanoskalige Materialien kommen in Kontakt mit dem Menschen, und das nicht nur während ihrer Nutzung als Medikamente. Sie werden in Nahrungsmitteln, Kosmetika und vielen anderen Anwendungen bereits eingesetzt. Die steigende Produktion, z. B. von Metalloxiden oder Kohlenstoff-Nanoröhrchen, wird auch zu einer möglichen Belastung am Arbeitsplatz führen", erwartet Prof. Dr. Harald Krug vom Forschungszentrum Karlsruhe.

*Material 2 (M 2)*

**Die Zukunft der Nanotechnologie**
**Umsatz in Milliarden Dollar**

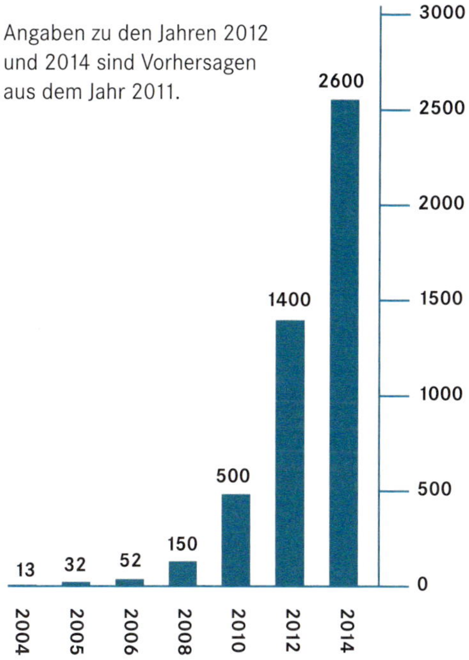


*Material 3 (M 3)*

**Anwendungsfelder der Nanotechnologie**

*Material 4 (M 4)*

## Alles Nano?

Der Begriff „Nano" leitet sich von dem griechischen Wort „nanos" (Zwerg) ab. Mit der Vorsilbe Nano wird der milliardste Teil von etwas bezeichnet ($10^{9}$). Als Vater der Nanotechnologie gilt Richard Feynman, der bereits 1959 in einem Vortrag sagte: „There's plenty of room at the bottom" (Ganz unten ist eine Menge Platz). Eingeläutet wurde die nanowissenschaftliche Revolution 1981 mit dem Bau des ersten Rastertunnelmikroskops. Damit lassen sich nicht nur Atome beobachten, sondern auch mithilfe einer feinen Spitze verschieben. Heinrich Rohrer und Gerd K. Binning vom IBM-Forschungslabor in Zürich erhielten 1986 für die Entwicklung des Rastertunnelmikroskops den Nobelpreis in Physik. 1991 entdeckte der japanische Forscher Sumio Iijima kleinste Röhrchen aus Kohlenstoffatomen mit ungewöhnlichen Eigenschaften, die „Carbon-Nanotubes". Nanotechnologie ist auf keine Branche oder Technologie beschränkt. Biologen, Chemiker, Physiker, Materialwissenschaftler, Informatiker und Mediziner arbeiten an Anwendungen.

Richard Feynman

*Material 5 (M 5)*

## Umweltbundesamt warnt vor Nanotechnologie

**Die winzigen Teilchen stecken in immer mehr Nahrungsmitteln, Kleidung und Kosmetika – jetzt warnt das Umweltbundesamt Verbraucher vor den Risiken der Nanotechnologie: Einige der Partikel könnten zu Gesundheitsschäden führen. Eine Kennzeichnungspflicht für Nanoprodukte gibt es bislang nicht.**

***München*** – In einer noch unveröffentlichten Studie warnt das Umweltbundesamt (UBA) vor Gesundheitsgefahren, die aus dem industriellen Einsatz in Nahrungsmitteln, Kleidungsstücken, Kosmetika und anderen Produkten resultieren können. Die Behörde empfiehlt, bei der Verwendung von Produkten mit den kleinen Partikeln so lange Vorsicht walten zu lassen, bis ihre Wirkungen in der Umwelt und auf die menschliche Gesundheit besser erforscht sind. Zudem fordert das Amt demnach eine Kennzeichnungspflicht und ein Melderegister für Produkte, die Nanopartikel enthalten. Davon wären mehr als 800 Unternehmen in Deutschland betroffen, die in der Nanotechnologie tätig sind.
Die Nanotechnologie wird eingesetzt, um etwa in Textilien das Wachstum von Bakterien zu hemmen und damit üblen Geruch zu verhindern, auf Schokoriegeln die Bildung eines Grauschleiers zu unterdrücken oder in Sonnencremes ultraviolette Strahlen abzuhalten.
Das UBA zitiert Studien, denen zufolge Nanopartikel, die mit bloßem Auge nicht sichtbar sind, bis tief in die Lunge vordringen und dort Entzündungen auslösen können. Im Tierversuch seien die Teilchen bis in den Kern von Körperzellen gewandert und hätten dort die Erbinformation geschädigt. Zudem gebe es Hinweise, dass Nanoröhrchen aus Kohlenstoff bei Tieren Erkrankungen auslösen können, die jenen von Asbestfasern[1] ähnlich sind.
Die Verwendung millionstel Millimeter kleiner Partikel ist für viele Industriebranchen interessant, weil sie nützliche chemische und physikalische Eigenschaften besitzen. Ihre Winzigkeit birgt allerdings auch die Gefahr, dass sie viel eher die natürlichen Barrieren im Körper überwinden – etwa die Blut-Hirn-Schranke[2].

1 Der Asbest: ein leichter Baustoff, der in den Jahren 1950 bis 1970 verwendet wurde und sich dann als krebserregend erwies
2 Die Blut-Hirn-Schranke: eine Barriere zwischen dem Blutkreislauf und dem Zentralnervensystem

## 1. Prüfungsteil: Leseverstehen

**1** Kreuze die richtige Antwort an (**M 1**). Ein Nanometer ist ...

- ☐ ... der millionste Teil eines Meters.
- ☐ ... der milliardste Teil eines Meters.
- ☐ ... das Hunderttausendfache eines Millimeters.
- ☐ ... eine gedachte Größe, die nicht existiert.

**2** Was erwarten Experten von der Nanotechnologie? Finde im Material **M 1** die Antwort und schreibe einen Satz in eigenen Worten auf.

______________________________

______________________________

**3** Nenne drei Beispiele für Nanoprodukte (**M 1**), die bereits auf dem Markt sind.

______________________________

______________________________

**4** Welcher Lebensbereich kann durch Nanotechnologie besonders stark verändert werden (**M 1**)? Begründe.

______________________________

______________________________

**5** Was ist mit dem Begriff „Makrowelt" (**M 1, Z. 29**) gemeint? Erkläre.

______________________________

______________________________

**6** Wie kannst du erklären, dass zum Beispiel ein grünes Material der Makrowelt durch nanotechnische Veränderungen zu einem roten Material wird? Beantworte die Frage mit einem Zitat aus **M 1**.

______________________________

______________________________

______________________________

**7** Kreuze für jede Antwort an, ob sie zutrifft oder nicht (**M 1**).

| Nanoteilchen machen Folgendes möglich: | trifft zu | trifft nicht zu |
|---|---|---|
| a) Man braucht in Zukunft nie wieder Fenster zu putzen. | ☐ | ☐ |
| b) Es gibt oft Flecken auf der Kleidung. | ☐ | ☐ |
| c) Autoreifen haften besser auf der Straße. | ☐ | ☐ |
| d) Menschen müssen weniger essen und trinken. | ☐ | ☐ |

**8** Kreuze an. Bei dem Diagramm **M 2** handelt es sich um ein ...

- ☐ ... Säulendiagramm.
- ☐ ... Balkendiagramm.
- ☐ ... Kreisdiagramm.
- ☐ ... Bilddiagramm.

**9** Beschreibe den Inhalt der Grafik **M 2**.
Nenne das Thema und erläutere die unterschiedlichen Zahlenwerte.

**10** Dem Schaubild **M 3** kannst du konkrete Anwendungsfelder der Nanotechnologie entnehmen. Ergänze mithilfe der anderen Materialien weitere Anwendungsfelder und/oder Anwendungsbeispiele, die dort nicht genannt werden.

**11** Definiere den Begriff „Nano“ (**M 1** und **M 4**).

**12** Schreibe die Eckpunkte der Entwicklung der Nanotechnologie in die Tabelle (**M 4**). Berücksichtige nur Ideen und Entwicklungen – keine Preise.

| **Jahr** | | | |
|---|---|---|---|
| **Ereignis** | | | |

**13** Das Umweltbundesamt (UBA) warnt vor Gefahren der Nanotechnologie (**M 5**).
Was empfiehlt das Umweltbundesamt? Kreuze an.

- ☐ Empfohlen wird ein vorsichtiger Umgang mit Produkten, die Nanopartikel enthalten.
- ☐ Empfohlen wird, auf Produkte zu verzichten, die Nanopartikel enthalten.
- ☐ Das UBA verweist auf den Nutzen der Nanotechnologie, nicht auf Gefahren.
- ☐ Das UBA ist der Meinung, dass man die Ergebnisse von Tierversuchen nicht auf Menschen übertragen kann.

**14** Was fordert das Umweltbundesamt (**M 5**)? Kreuze an.

- ☐ eine Kennzeichnungspflicht und ein Melderegister für Produkte, die Nanopartikel enthalten
- ☐ weitere Tierversuche zur Erforschung möglicher Gefahren
- ☐ den Verzicht auf die weitere Ausdehnung der Nanotechnologie
- ☐ Menschenversuche, um mögliche Gefahren besser kennen zu lernen

**15** Was empfiehlt das Umweltbundesamt **(M 5)** bei der Verwendung von Produkten, die Nanopartikel enthalten? Gib die Empfehlung in eigenen Worten wieder.

**16** Ein Schüler sagt zu dem Thema „Nanotechnologie“:
„Wir haben im Unterricht viel über diese neue Technologie gehört. Ich finde aber, das ist ein sehr spezielles Thema und ich würde genauso gut leben, wenn ich nichts darüber wüsste.“

a) Prüfe, ob diese Behauptung eine angemessene Schlussfolgerung darstellt. Du kannst zustimmen, ablehnen oder eine vermittelnde Position einnehmen. Begründe deine Auffassung mithilfe von Zitaten aus den Texten und Grafiken.

➤ Die Arbeitstechnik „Eine Argumentation schreiben“ findest du vorne in der inneren Umschlagseite.

b) Eine Schülerin schreibt zu **M 1**: „Im Vergleich zu Material 5 merkt man bei Material 1, dass die Autorin beim Fraunhofer-Institut angestellt ist.“
Hat die Schülerin mit ihrer Aussage recht?
Begründe deine Antwort mithilfe von Zitaten aus dem Text.
**Tipp:** Informiere dich vorher über das Fraunhofer-Institut.

# 2. Prüfungsteil: Der Schreibauftrag

Im zweiten Prüfungsteil bearbeitest du eines von zwei Wahlthemen.

**Tipp:** Wenn dir die Bearbeitung des Schreibauftrags zu deinem Wahlthema schwerfällt, nutze die Aufgaben auf den **Seiten 34–35** zur Vorbereitung.

## Wahlthema 1: Sachtextanalyse

**Dein Arbeitsauftrag**

Analysiere das Material **M 1** auf den Seiten 24 bis 25.
Bearbeite dabei folgende Teilaufgaben:
- Gib in der Einleitung Auskunft über Titel und Autor, Textsorte sowie Zielgruppe.
- Erläutere im Hauptteil, welche Bedeutung die Nanotechnologie in der Gegenwart hat und in der Zukunft haben wird.
- Wäge im Schlussteil Argumente für und gegen die Nanotechnik ab und schreibe deine persönliche Meinung dazu.

Arbeitstechnik „Sachtexte erschließen und schreiben“ ➤ S. 4–11

## Wahlthema 2: Informierendes Schreiben

**Dein Arbeitsauftrag**

Verfasse auf der Grundlage der Materialien **M 1** bis **M 5** einen informativen Text für die Schülerzeitung eurer Schule über die Nanotechnologie. Berücksichtige insbesondere die **Bedeutung**, die **Auswirkungen** und die **Gefahren** dieser Technik.
Bearbeite dabei folgende Teilaufgaben:
- Formuliere einen Einleitungsteil, in dem du die Nanotechnologie als technische Revolution vorstellst.
- Stelle deinen Leserinnen und Lesern an Beispielen aus den Materialien ausführlich dar, welche Bedeutung die Nanotechnologie hat und welche Auswirkungen jetzt und in naher Zukunft im alltäglichen Leben zu spüren sein werden.
- Erläutere anhand der Materialien, welche Probleme die neue Technologie für die Menschen bringen könnte.
- Notiere am Ende deines Textes die von dir genutzten Quellen.

Du kannst für deine Schreibplanung die folgenden Aufgaben nutzen oder selbstständig auf eigenen Blättern arbeiten.

**Arbeitstechniken nutzen**

**1** Welche Arbeitstechniken nutzt du für deine Wahlaufgabe?
Schreibe jeweils die Bezeichnung der geeigneten Arbeitstechnik auf.

a) Für das Verständnis der Prüfungsaufgaben:

___

b) Beim Lesen der Materialien (Texte, Bilder und Diagramme):

___

c) Beim Gliedern und bei der Stoffsammlung:

___

d) Beim Erschließen und Schreiben von Sachtexten:

___

___

Fragen helfen dir, Stichworte für deine Gliederung zu sammeln.
Du wählst jeweils die zu deinem Wahlthema passenden Fragen aus.

**2** Notiere Stichworte für die Einleitung deines Textes.
- Wahlthema 1: Titel? Autor/Autorin? Textsorte? Adressat?
- Wahlthema 2: Was ist der Gegenstand deines informativen Textes?

Einleitung: ____________________

**3** Notiere Stichworte für den Hauptteil deines Textes.
- Wahlthema 1: Was ist der Gegenstand des Textes? Welche Beispiele werden genannt? Wie wird das Dargestellte bewertet? Welche Fragen bleiben offen?
- Wahlthema 2: Welchen Gegenstand stellst du dar? Welche Angaben (Zahlen, Beispiele, Erklärungen) willst du verwenden? Wie willst du deinen Text gliedern? Welche weiterführenden Fragen hast du zu dem Thema?

Hauptteil: ____________________

**4** Notiere Stichworte für den Schluss deines Textes.
- Wahlthema 1: Welche Intention ist in dem Text erkennbar? Wie bewertest du den Text? Welche Meinung hast du zu dem Thema?
- Wahlthema 2: Welche Meinung hast du zu dem Thema? Willst du an deine Leserinnen und Leser einen Appell richten oder ihnen Fragen stellen?

Schluss: ____________________

**5** Notiere eine passende Überschrift für deinen Text.
- Wahlthema 1: Auf welchen Text beziehst du dich?
- Wahlthema 2: Kannst du eine deiner Fragen aus Aufgabe 3 verwenden? Welche Überschrift könnte zum Lesen deines Textes anregen?

Überschrift: ____________________

## 3. Prüfungsteil: **Sprachwissen**

**1** Schreibe aus Material **M 1** je einen Hauptsatz und ein Satzgefüge auf.

a) Hauptsatz: ____________________

____________________

b) Satzgefüge: ____________________

____________________

**2** Material **M 5** enthält den folgenden Satz.

„Die Behörde empfiehlt, bei der Verwendung von Produkten mit den kleinen Partikeln so lange Vorsicht walten zu lassen, bis ihre Wirkungen in der Umwelt und auf die menschliche Gesundheit besser erforscht sind." (M 5, Z. 9–11)

**a.** Bestimme die Wortarten der markierten Wörter und schreibe sie auf.

Behörde: ____________ empfiehlt: ____________

bei: ____________ der: ____________

und: ____________ besser: ____________

**b.** Wie heißt der Fachbegriff für das markierte gesteigerte Adjektiv?

____________________

**c.** Bilde den Infinitiv des markierten Verbs. ____________

**3** Um welche Wortart handelt es sich bei „dass" im folgenden Satz? Kreuze an.

„Zudem gebe es Hinweise, dass Nanoröhrchen aus Kohlenstoff bei Tieren Erkrankungen auslösen können, die […]." (M 5, Z. 22–24)

☐ Adverb ☐ Artikel ☐ Konjunktion ☐ Pronomen

**4** Bestimme die Zeitformen der folgenden Sätze.

a) „Das war diesen Sommer nicht nur am Badestrand ein alltägliches Ritual, wenn man einen Sonnenbrand vermeiden wollte." (M 1, Z. 6–8) ____________

b) „Nanotechnologie ist auf keine Branche oder Technologie beschränkt." (M 4, Z. 12–13) ____________

c) „Nanotechnologie kann vor allem die Medizin verändern." (M 1, Z. 41) ____________

**5** Stelle dir vor, du schreibst im Jahre 2100 über die Anfänge der Nanotechnologie. Schreibe dazu den folgenden Satz im Präteritum auf.

„Nanoschichten machen Kunststoffgläser kratzfest, maßgeschneiderter Ruß sorgt für gute Haftung bei den Autoreifen und neuartige Barrierefüllstoffe verhelfen Tennisbällen zu längerer Haltbarkeit." (M 1, Z. 37–40)

____________________

____________________

____________________

**6** Rahme die Satzglieder **Subjekt** (Subj.), **Prädikat** (Präd.) und **Objekt** (Obj.) ein und kennzeichne sie darunter jeweils mit der Abkürzung.

Kleinste Partikel belasten den menschlichen Körper.

______________________________

**7** Bestimme im folgenden Satz die Objekte.
a. Markiere die beiden Objekte.
b. Schreibe die Fachbegriffe für diese beiden unterschiedlichen Objekte auf.

Die Nanotechnologie gibt Medizinern und Patienten große Hoffnung.

1. Objekt: ______________________________

2. Objekt: ______________________________

**8** Gib den Satz in der indirekten Rede wieder.

„‚Kein Lebensbereich und kein Zweig der Wirtschaft wird von den Auswirkungen der Nanotechnik unberührt bleiben', sagt der Nanowissenschaftler Prof. Wolfgang Heckl". (M 1, Z. 24–26)

______________________________

______________________________

______________________________

______________________________

**9** Wandle den Satz ins Passiv um.

„1991 entdeckte der japanische Forscher Sumio Iijima kleinste Röhrchen aus Kohlenstoffatomen mit ungewöhnlichen Eigenschaften, die ‚Carbon-Nanotubes'." (M 4, Z. 10–12)

______________________________

______________________________

______________________________

**10** Schreibe den Satz im Aktiv auf.
**Tipp:** Achte darauf, dass die Zeitform Präteritum erhalten bleibt.

„Eingeläutet wurde die nanowissenschaftliche Revolution 1981 mit dem Bau des ersten Rastertunnelmikroskops." (M 4, Z. 5–6)

______________________________

______________________________

______________________________

**11** Erkläre die Bedeutungen der Wörter in ganzen Sätzen.

Zukunftstechnologie: ______________________________

______________________________

Marktpotenzial: ______________________________

______________________________

# Extra: Hilfen zum 2. Prüfungsteil

Diese Aufgaben helfen dir bei der Bearbeitung der Wahlthemen 1 und 2.

Schreibauftrag mit den Wahlthemen 1 und 2 ➤ S. 30

**1** Beantworte die Fragen zum Thema in ganzen Sätzen.

a) Was ist Nanotechnologie?

b) In welchen Bereichen wird die Nanotechnologie bereits eingesetzt?

c) Welche Probleme tauchen im Zusammenhang mit der Nanotechnologie auf?

d) Welche Vorteile haben Menschen von den Produkten der Nanotechnologie?

**2** Was ist dir bei dem Thema „Nanotechnik“ noch unklar?
Notiere eigene Fragen, die du in deinem Text stellen willst.

**3** Welche Meinung hast du zum Thema „Nanotechnologie“?
Begründe deine Meinung.

Diese Aufgaben helfen dir bei der Bearbeitung des Wahlthemas 1.

**4** Beantworte die folgenden Fragen in ganzen Sätzen.

a) Äußert sich der Textautor eher für oder eher gegen die Nanotechnologie? Woran merkst du das?

b) Welche Teilbereiche des Themas werden in dem Text behandelt?

**5** Fasse den folgenden Abschnitt in eigenen Worten zusammen. Schreibe in dein Heft.

„Doch unumstritten ist die Nanotechnologie nicht. Was passiert, wenn Nanopartikel in unseren Körper gelangen? Wie wirken sich die Winzlinge auf die Umwelt aus? Ultrafeine Partikel belasten den menschlichen Körper nicht erst, seitdem es Nanoprodukte gibt." (M 1, Z. 46–50)

Diese Aufgaben helfen dir bei der Bearbeitung des Wahlthemas 2.

**6** Beantworte die folgenden Fragen mithilfe der Materialien **M 1** bis **M 5**. Schreibe die passenden Materialnummern hinter deine Antwort.

a) Wie wird sich die Nanotechnologie in der Zukunft voraussichtlich entwickeln?

b) Inwiefern stellt die Nanotechnologie eine technische Revolution dar?

**7** Fasse den folgenden Abschnitt aus **Material M 5** in eigenen Worten zusammen. Schreibe in dein Heft.

„Das UBA zitiert Studien, denen zufolge Nanopartikel, die mit bloßem Auge nicht sichtbar sind, bis tief in die Lunge vordringen und dort Entzündungen auslösen können. Im Tierversuch seien die Teilchen bis in den Kern von Körperzellen gewandert und hätten dort die Erbinformation geschädigt. Zudem gebe es Hinweise, dass Nanoröhrchen aus Kohlenstoff bei Tieren Erkrankungen auslösen können, die jenen von Asbestfasern ähnlich sind." (M 5, Z. 19–24)

# Extra: Einen informativen Text überarbeiten

**Du überarbeitest den informativen Text eines Schülers über Nanotechnologien in der Medizintechnik mithilfe der Anmerkungen einer Lehrkraft.**

**1** a. Lies den Text. Achte dabei auf die unterstrichenen Stellen.
b. Überarbeite den informativen Text. Schreibe in dein Heft. Verbessere dabei alle angemerkten Fehler und Schwächen.

**Korrekturzeichen:**
Z = Zeichensetzungsfehler
R = Rechtschreibfehler
GR = Grammatikfehler

### Nanotechnologie in der Medizintechnik

Der Begriff „Nano" bedeutet „Zwerg".

*Woher kommt der Begriff?*

In der Sprache der Wissenschaft bedeutet „Nano" ein Milliardstel.

Nanotechnologien beschreiben Strukturen, die zigtausendmal kleiner sind als der Durchmesser eines menschlichen Haares.

Es werden grundlegende Zusammenhänge auf der Ebene der Moleküle und Atome erforscht. Neue Materialien mit vielversprechenden Eigenschaften werden entwickelt.

*Wodurch?*
*Konjunktion „und"*

Nanotechnologien werden aus Sicht der Bundesregierung als „Schlüsseltechnologien des 21. Jahrhunderts" betrachtet, die unsere „Eintrittskarten in die Zukunft" darstellen (Dr. Annette Schavan).

*Wer ist das?*

Bereits heute leistet die Nanotechnologie wichtige Dienste in vielen Bereichen.

### Anwendungsbeispiele in der Medizin

Nanopartikel sind nicht nur in Zahnpasta Fliesen Jacken oder Brillengläsern enthalten. Sie spielen auch in der Medizin eine immer grössere Rolle. Forscher entwickeln neue Produkte und Verfahren, mit denen Krankheiten besser bekämft werden können. Zwei Anwendungsbeispiele werden im Folgenden genannt.

*2 Z*
*R*
*R*

### Gelenkimplantate

*Teilüberschriften richtig zuordnen*

In den letzten Jahren wurde ein neuartiges Verfahren entwickelt. Das Verfahren dient zur lokalen Behandlung von Tumoren. Die Grundlage des Verfahrens bilden die eisenoxidhaltigen Nanopartikel, die zu Therapiebeginn direkt in den Tumor eingebracht werden. Die Nanopartikel werden durch ein Magnetfeld in Schwingung versetzt, wodurch Wärme direkt im Tumorgewebe entsteht. Dadurch werden die Tumorzellen entweder direkt zerstört oder für eine begleitente Radio- oder Chemotherapie sensibilisiert.

*Wiederholung*

*R*

### Knochenersatzmaterial

Durch den demografischen Wandel nimmt die Lebenserwartung der Menschen immer mehr zu. Dadurch steigt auch der Bedarf an Gelenkprothesen, wenn Gelenke ihre Funktionskräfte verlieren und ersetzt werden müssen. Spezielle Nanobeschichtungen auf den Gelenkimplantaten verbessern das Einwachsverhalten der Implantate.

*Erklären!*

### Nanokrebstherapien

Ein neuartiges Knochenersatzmaterial („Ostim") entspricht in seiner chemischen Zusammensetzung dem natürlichen Knochen. Das Knochenersatzmaterial steht Zahnärzten Implantologen Parodontologen Oralchirurgen und Mund-Kiefer-Gesichtschirurgen in den vielfältigen Indikationsbereichen der Knochenregeneration zur Verfügung. Ergebnisse aus diversen klinischen Studien etwa in der Parodontologie, Implantologie und Mund-, Kiefer-, Gesichtschirurgie liegen vor. Weitere werden derzeit durchgeführt, um das Wissen um Ostim und seine Anwendung kontinuierlich zu erweitern.

*3 Z*
*2 Z*

# Extra: Reflexion der eigenen Arbeit

**Beschreibe deine erfolgreichen Strategien und deine Schwierigkeiten bei der Bearbeitung der Prüfungsaufgaben mithilfe der Aufgaben und Fragen.**

**1** Welcher Prüfungsteil ist dir besonders leichtgefallen – welcher nicht? Kreuze an.

| | | | | | |
|---|---|---|---|---|---|
| **1. Prüfungsteil** | ☐ sehr leicht | ☐ leicht | ☐ mittel | ☐ schwer | ☐ sehr schwer |
| **2. Prüfungsteil** | ☐ sehr leicht | ☐ leicht | ☐ mittel | ☐ schwer | ☐ sehr schwer |
| **3. Prüfungsteil** | ☐ sehr leicht | ☐ leicht | ☐ mittel | ☐ schwer | ☐ sehr schwer |

**2** Welche Aufgaben im Prüfungsteil „Leseverstehen" sind dir besonderes leicht- oder besonders schwergefallen?

**3** Warum hast du dich für deine Wahlaufgabe entschieden? Begründe deine Wahl.

**4** Wie bist du bei der Bearbeitung der Wahlaufgabe vorgegangen? Beschreibe.

**5** Welcher Teil der Prüfung war für dich am leichtesten? Begründe deine Antwort.

**6** Wie hast du Aufgaben gelöst, die für dich besonders schwierig waren? Beschreibe, wie du beim Lösen von Problemen vorgegangen bist.

# Prüfung: Schriftlich argumentieren

**Die Prüfungsaufgaben zu den folgenden Materialien bestehen aus den drei Prüfungsteilen Leseverstehen, Schreibauftrag und Sprachwissen.**

**Im Rahmen eines Zeitungsprojekts nimmst du in einem Leserbrief zu dem folgenden Thema Stellung: „Sollten alle Schülerinnen und Schüler nach der Schulzeit zu einem sozialen Jahr verpflichtet werden?"**

1. Leseverstehen ➤ S. 40–41
2. Schreibauftrag ➤ S. 42–43
3. Sprachwissen ➤ S. 44–45

➤ Die Arbeitstechnik „Der Textknacker" findest du in der vorderen Klappe.

**1** Lies beide Texte mithilfe des Textknackers.

*Material 1*

## Aussetzung[1] der Wehrpflicht

Mit Wirkung zum 1. Juli 2011 wurde in Deutschland die Wehrpflicht ausgesetzt. Dadurch darf niemand mehr ohne seine Zustimmung zur Bundeswehr einberufen werden. Die Bundeswehr muss nun also um Freiwillige werben. Dadurch entfällt auch der Zivildienst, der einst den Wehrdienst ersetzen konnte, und wird zu einem freiwilligen Dienst.

*Material 2*

## Soziales Jahr: Vom Recht zur Pflicht?

**Das „soziale Pflichtjahr" soll vielleicht schon bald den Wehrdienst und den Zivildienst ablösen. Es kursieren viele Vorschläge zur Umsetzung, doch Mahner warnen: zu teuer, zu schwierig, zu undankbar.**

Nach der Aussetzung der allgemeinen Wehrpflicht und dem Wegfall des Zivildienstes fordern mehr und mehr Politiker ein soziales oder ökologisches Pflichtjahr für alle Schulabgänger. Gerade die Arbeit im Pflegebereich könne nicht vom bestehenden Personal übernommen werden, denn rund 90 000 Hilfskräfte fallen durch den Wegfall des Zivildienstes aus.

Warum also sollten Jugendliche sich nicht für einen begrenzten Zeitraum dem Gemeinwesen zur Verfügung stellen? Der Staat tut viel für Jugendliche – warum sollen sie der Gemeinschaft nicht etwas zurückgeben? Warum sollen künftige Betriebswirte oder Schreinerinnen nicht ein Jahr lang Alte und Kranke betreuen, in Jugendeinrichtungen helfen oder auch Krötentunnel graben? „Die Gesellschaft wird ärmer, wenn junge Menschen von jeder Art von Herausforderungen, etwas für die Gesellschaft zu tun, verschont bleiben", sagte der ehemalige hessische Ministerpräsident Roland Koch (CDU). Und Winfried Hassemer, ehemaliger Vizepräsident des Bundesverfassungsgerichts, unterstrich den Charme eines allgemeinen Pflichtdienstes, der das Problem der doppelten Wehrungerechtigkeit endlich anpacke: Einerseits wurden zuletzt nur etwa 16 Prozent eines Jahrganges zur Bundeswehr eingezogen, andererseits blieben die Mädchen verschont.

1 die Aussetzung: eine Maßnahme, ein Gesetz oder eine Regelung wird auf bestimmte oder unbestimmte Zeit außer Kraft gesetzt. Der Unterschied zur „Abschaffung" besteht darin, dass eine ausgesetzte Maßnahme einfacher wieder eingesetzt werden kann, wenn es nötig ist.

Das soziale Pflichtjahr hingegen würde alle Schulabgänger und beide Geschlechter berücksichtigen.

Darüber hinaus sei ein soziales Jahr auch für die Jugendlichen selbst ein attraktives Angebot. Die jungen Menschen können bereichernde und prägende Erfahrungen machen, praktische Lebenserfahrung sammeln und soziale Kompetenzen erwerben, die ihnen die Schule nicht bieten kann. Außerdem lässt sich so ein interessantes Berufsfeld entdecken.

Gegner des sozialen Pflichtjahres hingegen verweisen auf das Grundgesetz. Nach Artikel 12 des Grundgesetzes haben alle Deutschen „das Recht, Beruf, Arbeitsplatz und Ausbildungsstätte frei zu wählen". Außerdem dürfe niemand – von Notlagen und Katastrophenfällen abgesehen – zu einer bestimmten Arbeit gezwungen werden. Eine allgemeine Dienstpflicht wäre somit verfassungswidrig und ein erheblicher Eingriff in die Freiheitsrechte Jugendlicher. Dagegen betont Winfried Hassemer, er sehe in einem Pflichtdienst für alle zwar „ein verfassungsrechtliches Problem – aber kein unüberwindbares". Wenn er politisch gewollt sei, ließe er sich über eine einfache gesetzliche Regelung oder eine Verfassungsänderung einführen. Verschiedene Verbände führen aber auch an, dass sie ein Pflichtdienst strukturell überfordern würde. 500 000 bis 700 000 Pflichtdienstleistende müssten irgendwo untergebracht werden – schon bei 200 000 dürften die einstmaligen Zivildienstträger an ihre Grenzen stoßen.

Nach Meinung von Experten wie auch der Wohlfahrtsverbände, der Diakonie oder der Caritas sollte deshalb lieber die Zahl der Plätze für Freiwilligendienste erhöht werden. Rund 30 000 junge Menschen engagieren sich bereits heute in einem freiwilligen sozialen Jahr (FSJ) oder dem freiwilligen ökologischen Jahr. Gerade ein freiwilliges soziales Jahr im Ausland sei stark gefragt: Auf jeden der derzeit etwa 3 500 Plätze kommen etwa zehn Bewerber. Und selbst im Inland strafe die Nachfrage nach Plätzen alle Lügen, die behaupten, es brauche einen Pflichtdienst: Jedes Jahr gibt es mehr Bewerber als freie Stellen. Dennoch wenden sich die Kritiker gegen den Zwang: Gerade in sensiblen Bereichen, wie beispielsweise bei der Arbeit mit hilfs- oder pflegebedürftigen Patienten, könne man keine unwilligen und frustrierten Jugendlichen gebrauchen, die durch eine Arbeitsverpflichtung unmotiviert seien und mehr Ärger verursachten als Hilfe anböten. Und schließlich wird hervorgehoben, dass ein Pflichtjahr für alle zu teuer sei. Denn es ist anzunehmen, dass ein junger Erwachsener im sozialen Pflichtjahr etwa das Gleiche kosten würde wie früher ein Wehr- oder Zivildienstleistender; das sind ungefähr 15 000 Euro im Jahr. Selbst wenn von den geschätzten 800 000 jungen Männern und Frauen eines Jahrgangs nur 500 000 neu untergebracht werden müssten, wären das allein 7,5 Milliarden Euro Lohnkosten. Der Vorsitzende der Zentralstelle für Recht und Schutz der Kriegsdienstverweigerer aus Gewissensgründen (KDV), Werner Glenewinkel, kommt bei dieser Rechnung sogar auf rund zwölf Milliarden Euro. „Besser wäre es, wenn die Bundesländer endlich mehr Geld für die Freiwilligendienste zur Verfügung stellten."

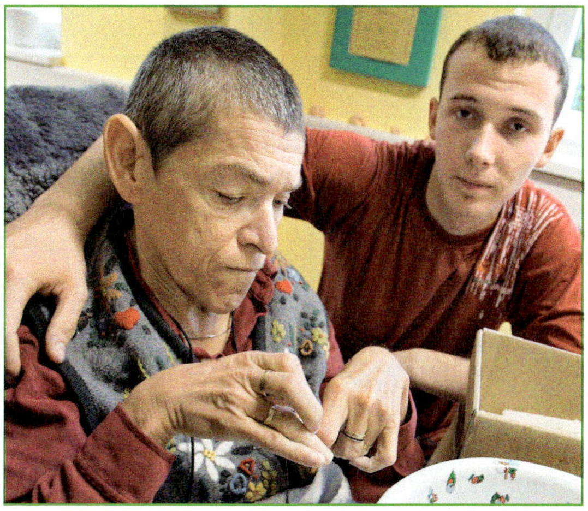

# 1. Prüfungsteil: Leseverstehen

**1** Worum geht es in dem Text? Kreuze an.

- ☐ Gegenstand des Textes ist, dass die Wehrpflicht abgeschafft werden soll.
- ☐ In dem Text wird dafür plädiert, dass es mehr Pflegekräfte geben sollte.
- ☐ Es geht um die Frage, ob alle Jugendlichen zu einem sozialen Jahr verpflichtet werden sollten.

**2** Welche der folgenden Aussagen stehen im Text? Welche nicht?
Kreuze an, ob die Aussagen zutreffen.

| Stehen diese Aussagen im Text? | trifft zu | trifft nicht zu |
|---|---|---|
| a) Seit dem 1. Juli 2011 ist niemand mehr verpflichtet, einen Bundeswehrdienst zu absolvieren. | ☐ | ☐ |
| b) Im Pflegebereich gibt es Engpässe, weil die Zivildienstleistenden fehlen. | ☐ | ☐ |
| c) Roland Koch sprach sich gegen ein soziales Pflichtjahr aus. | ☐ | ☐ |
| d) Das soziale Pflichtjahr benachteiligt die Mädchen. | ☐ | ☐ |
| e) Statt ein Pflichtjahr zu absolvieren, sollten die Jugendlichen lieber interessante Berufsfelder entdecken. | ☐ | ☐ |
| f) Ein soziales Pflichtjahr erlaubt das Grundgesetz nicht. | ☐ | ☐ |
| g) Die verschiedenen Verbände könnten gar nicht so viele Jugendliche in ihren Einrichtungen unterbringen. | ☐ | ☐ |
| h) Für ein freiwilliges soziales Jahr gibt es mehr interessierte Jugendliche als Plätze. | ☐ | ☐ |
| i) Die meisten Jugendlichen sind unwillig und frustriert. | ☐ | ☐ |
| j) Ein soziales Pflichtjahr für alle Jugendlichen ist zu teuer. | ☐ | ☐ |

**3** Was versteht man unter dem „Gemeinwesen" (Z. 15)? Kreuze an.

Unter dem Gemeinwesen versteht man ...

- ☐ ... die Gesellschaft.
- ☐ ... die Arbeitgeber.
- ☐ ... die Altersheime.
- ☐ ... eine unfaire Situation.

**4** Welche Vorteile haben Jugendliche von einem sozialen Jahr?
Notiere in Stichworten drei Dinge, die Jugendliche im sozialen Jahr lernen können.

______________________________

______________________________

______________________________

______________________________

______________________________

**5** Was sind „Zivildienstträger" (Z. 64)? Kreuze die passende Erklärung an.

Zivildienstträger sind ...

- ☐ ... Jugendliche, die ihren Zivildienst ableisten.
- ☐ ... eine Zentralstelle, die den Zivildienstleistenden ihr Gehalt auszahlt.
- ☐ ... Zivildienstleistende, die bereits einen Orden erhalten haben.
- ☐ ... Verbände und Organisationen, die Zivildienstleistende beschäftigen.

**6** Erkläre mit eigenen Worten, inwieweit verschiedene Verbände durch den „Pflichtdienst strukturell überfordert" wären. (Z. 61)

______________________________

______________________________

______________________________

______________________________

**7** Ergänze den folgenden Satz sinngemäß.

Trotz Personalmangels ist man gerade in Krankenhäusern oder in der Altenpflege häufig gegen ein soziales Pflichtjahr, weil ______________

______________________________

______________________________

**8** Lies das folgende Zitat und erkläre mit eigenen Worten, warum Hassemer den Wehrdienst für doppelt ungerecht hält.

„Und Winfried Hassemer [...] unterstrich den Charme eines allgemeinen Pflichtdienstes, der das Problem der doppelten Wehrungerechtigkeit endlich anpacke: Einerseits wurden zuletzt nur etwa 16 Prozent eines Jahrganges zur Bundeswehr eingezogen, andererseits blieben die Mädchen verschont." (Z. 26–33)

______________________________

______________________________

______________________________

______________________________

______________________________

**9** Lies das folgende Zitat und erkläre mit eigenen Worten, was mit „sensiblen Bereichen" gemeint ist.

„Dennoch wenden sich die Kritiker gegen den Zwang: Gerade in sensiblen Bereichen, wie beispielsweise bei der Arbeit mit hilfs- oder pflegebedürftigen Patienten, könne man keine unwilligen und frustrierten Jugendlichen gebrauchen, die durch eine Arbeitsverpflichtung unmotiviert seien und mehr Ärger verursachten als Hilfe anböten." (Z. 78–85)

______________________________

______________________________

______________________________

______________________________

**10** Lies das folgende Zitat und kreuze an, durch welches Wort die markierte Redewendung ersetzt werden kann.

☐ bestätigt ☐ widerlegt ☐ wiederholt ☐ betrügt

„Und selbst im Inland strafe die Nachfrage nach Plätzen alle Lügen, die behaupten, es brauche einen Pflichtdienst: Jedes Jahr gibt es mehr Bewerber als freie Stellen." (Z. 75–78)

# 2. Prüfungsteil: Der Schreibauftrag

**Dein Arbeitsauftrag**

Nach der Aussetzung der Wehrpflicht wird in den Medien das folgende Thema diskutiert:
„Sollten alle Schüler/-innen nach der Schulzeit zu einem sozialen Jahr verpflichtet werden?"
Die Redaktion eurer Schülerzeitung will diesem Thema die nächste Ausgabe widmen. Nimm in Form eines Leserbriefs zu dem Thema begründet Stellung. Beachte dabei die Form des offiziellen Briefes.
Deinen Leserbrief richtest du an die Adresse der Redaktion eurer Schülerzeitung.

Tipp:
Wenn dir die Bearbeitung des Schreibauftrags zu schwerfällt, nutze die Aufgaben auf den **Seiten 46 bis 47** zur Vorbereitung.

➤ Die Arbeitstechnik „Eine Argumentation schreiben" findest du vorne auf der inneren Umschlagseite.
Übungen zu dieser Arbeitstechnik ➤ S. 12–15

**Du kannst für deine Schreibplanung die Aufgaben 1 bis 5 nutzen oder selbstständig auf eigenen Blättern arbeiten.**

**das Schreiben planen**

**1** Plane deinen Text, bevor du den Leserbrief schreibst.

**a.** Welchen Standpunkt möchtest du zu der Diskussionsfrage vertreten? Kreuze an.

☐ Ich bin **für** ein soziales Pflichtjahr. ☐ Ich bin **gegen** ein soziales Pflichtjahr.

**b.** Notiere in der Tabelle **drei Argumente** für deinen Standpunkt.

**c.** Ergänze zu deinen Argumenten jeweils ein **Beispiel**.

| Nr. | Argumente | Beispiele |
|---|---|---|
| | | |
| | | |
| | | |

**2** Gewichte deine Argumente in der Tabelle.
Nummeriere dazu die Argumente nach ihrer Wichtigkeit.

**3** Notiere eine Gliederung für deinen Leserbrief.

a. Ordne im Hauptteil Gegenargumente und eigene Argumente in einer sinnvollen Reihenfolge an. Notiere die Argumente in Stichworten.

b. Notiere zu den Gegenargumenten deine Entkräftungen in Stichworten.

c. Notiere Stichworte für die Einleitung und für den Schluss.
**Tipp:** Du kannst dich an dem Beispiel vom Rand orientieren.

**I. Einleitung:**

*Anlass des Leserbriefes,* ______________________________

**II. Hauptteil:**

*1.* ______________________________

______________________________

______________________________

______________________________

______________________________

______________________________

______________________________

______________________________

______________________________

______________________________

______________________________

______________________________

______________________________

______________________________

______________________________

**III. Schluss:** ______________________________

______________________________

______________________________

______________________________

> Info
>
> **Beispiel für die Gliederung einer Argumentation nach dem Sanduhrprinzip:**
>
> **I. Einleitung**
>
> **II. Hauptteil**
> 1. stärkstes Gegenargument mit Entkräftung
> 2. mittelstarke Gegenargumente mit Entkräftung
> 3. schwächstes Gegenargument mit Entkräftung
>
> ---
>
> 1. stärkstes eigenes Argument mit Beispiel
> 2. mittelstarke eigene Argumente mit Beispiel
> 3. schwächstes eigenes Argument mit Beispiel
>
> **III. Schluss**

**4** Notiere das stärkste Gegenargument.

______________________________

______________________________

______________________________

**5** Entkräfte das Gegenargument.

______________________________

______________________________

______________________________

______________________________

## 3. Prüfungsteil: Sprachwissen

**1** In welcher Zeitform ist der Text „Soziales Jahr: Vom Recht zur Pflicht?" **überwiegend** verfasst? Kreuze an.

☐ Präsens ☐ Präteritum ☐ Perfekt ☐ Futur

**2** Bestimme die Sätze in der folgenden Tabelle.
Ordne jedem Satz den richtigen Buchstaben zu.

a) = Hauptsatz b) = Satzreihe/Satzverbindung c) = Satzgefüge

| | |
|---|---|
| „Die Gesellschaft wird ärmer, wenn junge Menschen von jeder Art von Herausforderungen, etwas für die Gesellschaft zu tun, verschont bleiben". (Z. 22–25) | |
| „Darüber hinaus sei ein soziales Jahr auch für die Jugendlichen selbst ein attraktives Angebot." (Z. 37–38) | |
| Junge Männer müssen keinen Wehr- oder Ersatzdienst mehr leisten, den kommenden Generationen wird eine Herausforderung vorenthalten und die Gesellschaft wird ärmer. | |

**3** Untersuche die Verbformen in dem folgenden Textausschnitt.

„Dagegen betont Winfried Hassemer, er sehe in einem Pflichtdienst für alle zwar ‚ein verfassungsrechtliches Problem – aber kein unüberwindbares'. Wenn er politisch gewollt sei, ließe er sich über eine einfache gesetzliche Regelung oder eine Verfassungsänderung einführen." (Z. 54–59)

a. Nenne den grammatischen Fachbegriff für die markierten Verbformen.

______________________________

b. Begründe, zu welchem Zweck diese besondere Verbform eingesetzt wird.

______________________________

______________________________

**4** Formuliere das markierte Satzglied in einen Nebensatz um.

„Nach der Aussetzung der allgemeinen Wehrpflicht und dem Wegfall des Zivildienstes fordern mehr und mehr Politiker ein soziales oder ökologisches Pflichtjahr für alle Schulabgänger." (Z. 6–9)

______________________________

______________________________

______________________________

**5** Setze die folgenden Sätze vom Aktiv ins Passiv.

„Der Staat tut viel für Jugendliche". (Z. 16–17)

______________________________

„Gegner des sozialen Pflichtjahres hingegen verweisen auf das Grundgesetz." (Z. 45–46)

______________________________

**6** Ordne die markierten Wörter den passenden Bestimmungen zu.
**Tipp:** Manchen Bestimmungen musst du mehrere Wörter zuordnen.

„Gerade in sensiblen Bereichen, wie beispielsweise bei der Arbeit mit hilfs- oder pflegebedürftigen Patienten, könne man keine unwilligen und frustrierten Jugendlichen gebrauchen, die durch eine Arbeitsverpflichtung unmotiviert seien und mehr Ärger verursachten als Hilfe anböten." (Z. 79–85)

Verbform (Konjunktiv II): ______________________________

Verbform (Konjunktiv I): ______________________________

Verbform (Infinitiv): ______________________________

Relativpronomen: ______________________________

Artikel: ______________________________

Adjektiv: ______________________________

Präposition: ______________________________

Konjunktion: ______________________________

**7** Unterstreiche das vollständige Prädikat im folgenden Satz.

„Das soziale Pflichtjahr hingegen würde alle Schulabgänger und beide Geschlechter berücksichtigen." (Z. 34-36)

**8** Erkläre die unterschiedliche Schreibung der s-Laute in den markierten Wörtern. Begründe die Schreibung jeweils in einem vollständigen Satz.

„Wenn er politisch gewollt sei, ließe er sich über eine einfache gesetzliche Regelung oder eine Verfassungsänderung einführen." (Z. 57–59)

lie**ß**e: ______________________________

______________________________

Verfa**ss**ung: ______________________________

______________________________

**9** Setze das fehlende Komma und begründe die Kommasetzung.

„Besser wäre es wenn die Bundesländer endlich mehr Geld für die Freiwilligendienste zur Verfügung stellten." (Z. 99–101)

______________________________

______________________________

**10** Zu Beginn des zweiten Absatzes stehen drei Fragen, die nicht beantwortet werden. (Z. 14–21)

**a.** Wie nennt man diese Fragen?

______________________________

**b.** Warum wird dieses Stilmittel verwendet? Begründe deine Vermutung.

______________________________

______________________________

# Extra: Hilfen zum 2. Prüfungsteil

**Diese Aufgaben helfen dir bei der Bearbeitung des Schreibauftrags.**

2. Schreibauftrag ➤ S. 42

**1** Welche der folgenden Sätze kannst du als Argumente für oder gegen ein soziales Pflichtjahr ausbauen? Welche Sätze sind dafür ungeeignet?
- Markiere Pro-Argumente (dafür) mit **Pro**.
- Markiere Kontra-Argumente (dagegen) mit **Kontra**.

| | |
|---|---|
| a) Ein soziales Pflichtjahr ist zu teuer. | |
| b) Durch den Wegfall des Zivildienstes besteht in einigen Branchen Personalmangel. | |
| c) Jugendliche sollen sich auch einmal für die Gesellschaft engagieren. | |
| d) Viele Kritiker sprechen sich gegen ein soziales Pflichtjahr aus. | |
| e) Ein soziales Pflichtjahr bietet jungen Menschen wichtige Erfahrungen. | |
| f) Ohne eine Grundgesetzänderung ist ein soziales Pflichtjahr nicht möglich. | |
| g) Jegliche Verpflichtung wirkt sich negativ auf die Motivation aus. | |
| h) Auslandseinsätze im Rahmen des sozialen Jahres sind stark nachgefragt. | |
| i) Die Hilfsverbände können schon jetzt nicht alle Interessenten unterbringen. | |
| j) Man sollte mehr Geld für das soziale Jahr zur Verfügung stellen. | |
| k) Ein Pflichtdienst wäre eine Einschränkung der persönlichen Entfaltungsmöglichkeiten. | |
| l) In einem sozialen Pflichtjahr kann man die Vor- und Nachteile eines Berufsfeldes erkunden. | |
| m) Mädchen wurden nicht zum Dienst in der Bundeswehr verpflichtet. | |
| n) In einem sozialen Pflichtjahr lernen Jugendliche, auch einmal Verantwortung für andere zu übernehmen. | |
| o) Durch ein soziales Pflichtjahr würden im sozialen Bereich reguläre Arbeitsplätze abgebaut. | |
| p) Jugendliche könnten im sozialen Pflichtjahr Fähigkeiten erwerben, die sie in allen Berufen brauchen. | |

**2** Stelle dir vor, du wärst verpflichtet, ein soziales Jahr zu absolvieren.
Formuliere jeweils ein **Pro**- und ein **Kontra-Argument**.
Du kannst Anregungen aus Aufgabe 1 verwenden.

**Pro:** Ein soziales Pflichtjahr wäre gut für mich, weil ______________________

______________________

______________________

______________________

**Kontra:** Ein soziales Pflichtjahr wäre nicht gut für mich, weil ______________________

______________________

______________________

______________________

**3** Entkräfte die folgenden Argumente.
Du kannst die Wörter und Wortgruppen vom Rand verwenden.

a) Ein soziales Pflichtjahr ist nicht möglich, weil es verfassungswidrig ist.

b) Wir brauchen ein soziales Pflichtjahr, weil die Arbeit im Pflegebereich vom bestehenden Personal allein nicht geleistet werden kann.

c) Ein soziales Pflichtjahr ist ein attraktives Angebot für die Jugendlichen.

Obwohl einige Leute meinen, dass ...
Trotz ...
Auch wenn ...
Zwar behaupten einige, dass ..., aber ...
Einerseits befürchtet man, dass ..., andererseits ...

**4** Notiere zu dem folgenden Argument drei Beispiele, die es veranschaulichen.

Ein soziales Jahr ist wichtig für die Jugendlichen, weil sie dort prägende Erfahrungen machen können.

1.

2.

3.

**5** Schreibe ein Argument auf, zu dem alle drei folgenden Beispiele passen.

1. Dieser junge Mann ist zum Beispiel an den Bewohnern in einem Altersheim interessiert, weil sie ihm interessante Geschichten erzählen können.
2. Diese junge Frau arbeitet in der Pflege kranker Kinder sehr motiviert, weil sie als Kind selbst einmal lange im Krankenhaus gewesen ist.
3. Die jungen Mitarbeiter, die im freiwilligen sozialen Jahr sind, schauen beim Feierabend noch nicht so genau auf die Uhr, weil sie noch keine Familie haben, die auf sie wartet.

# Extra: Textaussagen überarbeiten

**In einem Chat wird über das soziale Pflichtjahr diskutiert. Du überarbeitest Ausdruck, Grammatik und Rechtschreibung der Beiträge.**

**1** a. Lies die Beiträge. Achte dabei auf die unterstrichenen Stellen.
b. Überarbeite die Beiträge. Schreibe in dein Heft.
- Verbessere dabei alle angemerkten Fehler und Schwächen.
- Du kannst zusätzlich einzelne Sätze verständlicher formulieren.

**Korrekturzeichen:**
Z = Zeichensetzungsfehler
R = Rechtschreibfehler
GR = Grammatikfehler

| Beitrag | Korrekturzeichen |
|---|---|
| **animal:** Kaum wird über das Ende der Wehrpflicht und des Ersatzdienstes | |
| gesprochen, enddecken einige Politiker, das sich dadurch eine Lücke auftut. | R, GR |
| Die billigen Arbeitskrefte des Ersatzdienstes werden nicht mehr zur Verfügung | R |
| stehen. | |
| **bojarXX:** Ich finde die Idee eines sozialen Pflichtjahr für alle garnicht so | GR, R |
| verkehrt. Mal abgesehen davon, dass dadurch die Kosten des Gesundheits- | |
| wesens krass gesenkt werden könnten. | A |
| **citronella:** Ein soziales Pflichtjahr ist schon ganz cool und vor allem gerechter | A |
| wie die heutige Wehrpflicht. Der soziale Dienst würde jungen Leuten | GR |
| ausserdem auch ein Verständnis für soziale Verantwortung näherbringen. | R |
| **destroja:** Es gibt eine ganze Menge Menschen die man im Zug sieht, wenn | Z |
| sie am sonntagabend wieder in die Kaserne fahren. Ich möchte sie nicht | R |
| in der Nähe von Kranken, Behinderten, Alten und Kindern lassen. Ich habe | GR |
| schon voll oft welche gesehen, die ich für ein soziales Pflichtjahr für | A |
| ungeeignet halte. | |
| **3hr3nM4nn:** Besonders lächerlich ist es, wenn son Blödsinn auch noch | A |
| als „Solidarität“ zwischen den Generationen verkauft wird. Als müßten | R |
| die Jugendlichen in Zukunft alle einen Rentner mitfinanzieren und | |
| zum dank auch noch Studiengebühren zahlen! Dürfen wir davon ausgehen, | R |
| dass dann als ausgleichender Ackt der „Solidarität“ die Steuersätze für | R |
| über 65 jährige erhöht werden? Scharf finde ich den Hinweis, dass | R, A |
| ein soziales Jahr bei der Leerstellensuche positiv berücksichtigt werden soll. | R |
| So einen Quark habe ich noch nie gehört. Als ob die Unternehmen einen Azubi | A |
| einstellen würden der ein bis zwei Jahre älter ist als seine Mitbewerber. | Z |
| **f3hl3r03:** Unternehmen sind auf Gewinne ausgerichtet. Da gelten soziale | |
| Belange einen Dreck. Einen Bewerber, der auch nur ein Jahr verloren hat, | A |
| stellen niemand mehr ein. Da muss man sich nur mal das Theater | GR |
| ansehen wenn jemand ein Semester mehr studirt hat. Die Personalchefs | Z, R |
| wollen überall nur die Besten der Besten – und das möglichst umsonst. | |
| **gussi97:** Aber vieleicht möchte die Regierung die Unternehmen auch zwingen, | R |
| diese Bewerber beforzugt einzustellen. Ich glaube für das fällige Geld könnte | R, Z |
| man dann auch gleich ausgebildete Kranken- und Altenfleger einstellen. Da | R |
| gibt es mitlerweile auch genügend, die arbeitslos sind. | R |
| **hoelli404:** Ich bin der Meinung dass jeder Jugendliche sich zumindest | Z |
| einmal in seinen Leben sozial engagieren sollte! Die meisten tun sowas | GR, A |
| nämlich nicht von selbst, weil sie diese „Mir doch egal“-Mentalität haben. | |
| Da sollte man zwischen Männlein und Weiblein auch kein Unterschied | A, GR |
| machen. Die allgemeine Wehrpflicht find ich sowieso Quatsch. | GR, A |

# Extra: Reflexion der eigenen Arbeit

**Beschreibe deine erfolgreichen Strategien und deine Schwierigkeiten bei der Bearbeitung der Prüfungsaufgaben mithilfe der Aufgaben und Fragen.**

**1** Welcher Prüfungsteil ist dir leichtgefallen – welcher nicht? Kreuze an.

**1. Prüfungsteil:** ☐ sehr leicht ☐ leicht ☐ mittel ☐ schwer ☐ sehr schwer

**2. Prüfungsteil:** ☐ sehr leicht ☐ leicht ☐ mittel ☐ schwer ☐ sehr schwer

**3. Prüfungsteil:** ☐ sehr leicht ☐ leicht ☐ mittel ☐ schwer ☐ sehr schwer

**2** Welche Aufgaben im Prüfungsteil „Leseverstehen" sind dir besonderes leicht- oder besonders schwergefallen? Nenne diese Aufgaben.

**3** Was ist dir beim Lösen des Schreibauftrags schwergefallen? Kreuze an.

☐ Ich fand es nicht leicht, zu verstehen, was die Aufgabe von mir fordert.
**Tipp:** Die Arbeitstechnik „Prüfungsaufgaben verstehen" hilft dir. ➤ S. 20–23

☐ Ich hatte Probleme, die Kriterien eines offiziellen Briefes einzuhalten.
**Tipp:** Die Arbeitstechnik „Einen offiziellen Brief schreiben" hilft dir. ➤ hintere Klappe

☐ Ich fand es schwierig, Argumente und Beispiele zu finden.
**Tipp:** Die Arbeitstechnik „Eine Argumentation schreiben" hilft dir. ➤ S. 12–15

☐ Es fiel mir schwer, die Stellungnahme zu gliedern.
**Tipp:** Die Arbeitstechnik „Eine Argumentation schreiben" hilft dir. ➤ S. 12–15

☐ Ich bin mir oft unsicher, ob ich ein Wort richtig geschrieben habe.
**Tipp:** Das Kapitel „Rechtschreibung, Zeichensetzung" und die Seiten im „Wissenswerten auf einen Blick" helfen dir. ➤ S. 80–85 ➤ S. 92–93

**4** Welcher Prüfungsteil war für dich am leichtesten? Begründe deine Antwort.

**5** Wie hast du Aufgaben gelöst, die für dich besonders schwierig waren? Beschreibe, wie du beim Lösen von Problemen vorgegangen bist.

# Prüfung: Einen literarischen Text interpretieren

**Die Prüfungsaufgaben zu der folgenden Kurzgeschichte bestehen aus den drei Prüfungsteilen Leseverstehen, Schreibauftrag und Sprachwissen.**

1. Leseverstehen ➤ S. 53–55
2. Schreibauftrag ➤ S. 56–57
3. Sprachwissen ➤ S. 58–59

**1** Lies die Kurzgeschichte mithilfe des Textknackers.

➤ Die Arbeitstechnik „Der Textknacker für literarische Texte“ findest du in der vorderen Klappe.

## Die ganze Nacht – Peter Stamm

Am späten Nachmittag hatte es angefangen zu schneien. Er war froh, dass er sich den Tag freigenommen hatte, denn der Schnee fiel sofort so dicht, dass er nach einer halben Stunde schon die Straßen bedeckte. Vor dem Haus sah er den Hausmeister den Gehweg kehren. Er trug eine Kapuze und führte auf einer dunklen Insel einen vergeblichen Kampf gegen den stetig fallenden Schnee. Es war gut, dass er diesmal nicht zum Flughafen gefahren war, um sie abzuholen. Das letzte Mal hatte er ihr Blumen aus dem Automaten gekauft und sie dazu überredet, die lange Fahrt nach Manhattan mit der U-Bahn zu machen. Als sie dann vor einigen Tagen telefoniert hatten, meinte sie, es sei nicht nötig, dass er sie abhole, sie werde ein Taxi nehmen.

Er stand am Fenster und schaute hinaus. Selbst wenn der Flug pünktlich war, würde sie frühestens in einer halben Stunde hier sein. Aber er war jetzt schon unruhig. Er verwarf Sätze, die er sich in den vergangenen Wochen zurechtgelegt und sich immer wieder vorgesagt hatte. Er wusste, dass sie eine Erklärung verlangen würde, und wusste, dass er keine hatte. Er hatte nie Erklärungen gehabt, aber er war sich immer sicher gewesen.

Eine Stunde später stand er wieder am Fenster. Es schneite noch immer, heftiger als zuvor, es war ein richtiger Schneesturm. Der Hausmeister hatte seinen Kampf aufgegeben. Alles war jetzt weiß, selbst die Luft schien weiß zu sein oder vom hellen Grau der einsetzenden Dämmerung, das kaum zu unterscheiden war vom Weiß des fallenden Schnees. Die Autos fuhren langsam und mit großer Behutsamkeit. Die wenigen Fußgänger, die noch draußen waren, stemmten sich gegen den Wind.

Er schaltete den Fernseher ein. Auf allen lokalen Kanälen war vom Sturm die Rede, und es war seltsam, dass man ihm schon einen Namen gegeben hatte, den alle Stationen kannten. In den Außenbezirken, hieß es, sei das Chaos noch größer als in der Innenstadt, und von der Küste kamen Meldungen über Hochwasser. Aber die Moderatoren, die man hinausgeschickt hatte und die, dick angezogen, in Mikrofone mit groteskem Windschutz sprachen, waren guter Laune und warfen Schneebälle in die Luft und wurden nur ernst, wenn sie Sach- oder Personenschäden zu berichten hatten.

Er rief die Fluggesellschaft an. Der Flug, sagte man ihm, sei wegen des Schneesturms nach Boston[1] umgeleitet worden. Kaum hatte er aufgelegt, klingelte das Telefon. Sie rief aus Boston an, sagte, sie müsse gleich weiter. Es gäbe Gerüchte, dass der Kennedy Airport[2] wieder offen sei. Vielleicht müssten sie aber auch in Boston übernachten. Sie sagte, sie freue sich auf ihn, und er sagte, sie solle auf sich aufpassen. Sie sagte, bis später, und legte sofort auf.

Draußen war es dunkel geworden. Der Schnee fiel unaufhörlich, er fiel und fiel, und außer einigen Taxis, die im Schritttempo fuhren, waren keine Autos mehr zu sehen.

1 Boston: Stadt an der Ostküste der USA, ca. 300 km nordöstlich von New York
2 Kennedy Airport: ein Flughafen in New York östlich von Manhattan

Er hatte mit ihr essen gehen wollen, jetzt hatte er Hunger. Und es würde noch Stunden dauern, bis sie hier war. Im Kühlschrank gab es nur ein paar Dosen Bier, im Gefrierfach eine Flasche Wodka und Eiswürfel. Er dachte, dass er etwas einkaufen sollte. Sie würde bestimmt hungrig sein nach der langen Reise. Er zog seinen warmen Mantel an und Gummistiefel. Er hatte keine anderen hohen Schuhe, die Stiefel hatte er kaum je getragen. Er nahm einen Schirm und ging nach draußen.

Der Schnee lag hoch, aber er war nicht schwer und ließ sich mit den Beinen leicht beiseitepflügen. Alle Geschäfte waren geschlossen, nur in wenigen hatte sich das Personal die Mühe gemacht, auf einem improvisierten Schild den Grund für den frühen Ladenschluss zu nennen.

Er ging quer durch die Stadt. Die Lexington Avenue war schneebedeckt, auf der Park Avenue sah er in einiger Entfernung die orangefarbenen Blinklichter der Schneepflüge, die in einem Konvoi die Straße heraufkamen. Die Madison und die Fifth Avenue waren irgendwann geräumt worden, aber sie waren schon wieder weiß. Hier musste er über hohe Schneewälle steigen. Er sank ein und der Schnee drang in seine Stiefel.

Über den Times Square lief ein Langläufer. Die Leuchtreklamen blinkten, als sei nichts geschehen. Die farbigen Bewegungen hatten etwas Gespenstisches in der großen Stille. Er ging weiter, den Broadway hinauf. Kurz vor dem Columbus Circle sah er die beleuchteten Fenster eines Coffee Shops. Er war schon früher dort eingekehrt, der Geschäftsführer und die Kellner waren Griechen und das Essen war gut.

Im Lokal waren nur wenige Gäste. Die meisten saßen alleine an einem Tisch an der Glasfront, die bis zum Boden reichte, tranken Kaffee oder Bier und schauten hinaus. Die Stimmung war festlich, niemand sprach, es war, als seien sie alle Zeugen eines Wunders.

Er setzte sich an einen Tisch und bestellte ein Bier und ein Club Sandwich[3].

3 Club Sandwich: mit Hühnerbrust, gebratenem Speck (Bacon), Kopfsalat und Majonäse belegter Sandwich aus meist drei Scheiben geröstetem Toastbrot mit Beilagen.

Der Schnee in seinen Stiefeln begann zu schmelzen. Als der Kellner das Bier brachte, fragte er ihn, weshalb das Lokal noch offen sei. Sie hätten nicht mit so viel Schnee gerechnet, sagte der Kellner, und jetzt sei es zu spät. Die meisten von ihnen wohnten in Queens und dort hinauszukommen sei im Moment unmöglich. Da könnten sie das Lokal ebenso gut offen lassen.

„Vielleicht die ganze Nacht", sagte der Kellner und lachte.

Der Weg zurück schien leichter zu sein, obwohl es immer noch schneite. Er hatte sich ein Sandwich für sie einpacken lassen und gemerkt, dass er nicht wusste, was sie mochte. Er hatte eins mit Schinken und Käse genommen. Keine Majonäse, keine Pickles, das wusste er noch.

Sie hatte ihm eine Nachricht hinterlassen, auf dem Anrufbeantworter. Einen Flug habe es nicht gegeben, jetzt sei Boston auch zu. Man bringe sie zum Bahnhof, von dort solle es einen Zug geben. Sie werde, wenn alles gut gehe, in vier Stunden in Manhattan sein. Der Anruf war vor einer Stunde gekommen.

Er schaltete wieder den Fernseher ein. Ein Mann stand vor einer Karte und erklärte, dass der Sturm entlang der Küste nach Norden ziehe, er habe inzwischen Boston erreicht. In New York sei das Schlimmste vorüber, sagte der Mann und lächelte, aber es werde wohl noch die ganze Nacht schneien.

Er schaltete den Fernseher aus und trat wieder ans Fenster. Er dachte nicht mehr an seine Sätze, schaute nur noch hinaus auf die Straße. Er löschte das Deckenlicht und machte die Schreibtischlampe an. Dann kochte er Tee, setzte sich aufs Sofa und las. Um Mitternacht ging er zu Bett.

Als es klingelte, war es drei Uhr. Bevor er an der Tür war, klingelte es wieder. Er drückte auf den Türöffner und wartete einen Augenblick. Dann trat er, obwohl er nur in Shorts und T-Shirt war, hinaus auf den Flur und ging zum Aufzug. Es schien eine Ewigkeit zu dauern.

Natürlich wusste er, dass sie es war, aber er war doch erstaunt, als die Tür des Aufzugs sich öffnete und er sie vor sich stehen sah. Sie stand einfach nur da, neben ihrem großen roten Koffer, und wartete. Er trat auf sie zu. Als er sie küssen wollte, umarmte sie ihn. Die Tür des Aufzugs schloss sich in seinem Rücken. Sie sagte: „Ich bin so unglaublich müde." Er drückte auf den Knopf und die Tür öffnete sich wieder.

Sie teilten sich das Sandwich, und sie erzählte, wie der Zug auf halber Strecke im Schnee stecken geblieben sei, wie er Stunden so gestanden habe, bis endlich ein Pflug das Gleis freiräumte.

„Natürlich hat niemand etwas gewusst", sagte sie. „Ich hatte Angst, dass wir die ganze Nacht stehen würden. Wenigstens habe ich warme Kleider dabei."

Er fragte, ob es immer noch schneie, schaute dann hinaus in die Nacht und sah, dass es fast aufgehört hatte.

„Das Taxi hat mich an der Lexington ausgeladen", sagte sie. „Es konnte nicht in die Straße rein. Ich habe dem Fahrer zwanzig Dollar gegeben und gesagt, bringen Sie mich hin, egal wie. Er hat den Koffer zu Fuß hinterhergeschleppt. Ein kleiner Pakistani. Ein netter Mann."

Sie lachte. Sie hatten Wodka getrunken und er schenkte noch einmal ein.

„Und?", sagte sie. „Was ist denn so Dringendes, worüber du mit mir sprechen willst?"

„Ich liebe den Schnee", sagte er.

Er stand auf und trat ans Fenster. Der Schnee fiel nur noch in kleinen Flocken, die vom Himmel schwebten, manchmal aufstiegen, als seien sie leichter als Luft, und wieder sanken und im Weiß der Straße untergingen. „Ist es nicht wunderschön?"

Er drehte sich um und schaute sie lange an, wie sie dasaß und an ihrem Wodka nippte. Er sagte: „Ich bin froh, dass du da bist."

**Info**

**Peter Stamm** (geboren 1963) ist ein Schriftsteller aus dem deutschsprachigen Teil der Schweiz. Er ist wegen seiner Theaterstücke, Hörspiele, Romane, Erzählungen und Kurzgeschichten berühmt geworden, die oft von gewöhnlichen Menschen und ihren Beziehungen zueinander handeln.

# 1. Prüfungsteil: **Leseverstehen**

**1** Über welchen Zeitraum erstreckt sich die Kurzgeschichte? Kreuze an.

Die Kurzgeschichte spielt in der Zeit ...

- ☐ ... vom späten Nachmittag bis ungefähr Mitternacht.
- ☐ ... vom Abend bis zum nächsten Morgen.
- ☐ ... vom späten Nachmittag bis 3 Uhr früh.
- ☐ ... vom späten Nachmittag bis in die Morgenstunden.

**2** Welche Beschreibung passt auf die Situation des Mannes? Kreuze an.

Zu Beginn der Kurzgeschichte ist der Mann ...

- ☐ ... froh, weil er Besuch erwartet.
- ☐ ... ungeduldig, weil sich die Frau wegen des Schnees verspätet.
- ☐ ... nervös, weil er nicht weiß, wie er sein bisheriges Verhalten erklären soll.
- ☐ ... ärgerlich, weil er sich den Tag freinehmen musste.

**3** Welchen Weg geht der Mann zum Restaurant?

**a.** Beschreibe seinen Weg mithilfe der Karte auf Seite 51.

______________________________________________

______________________________________________

______________________________________________

**b.** Zeichne den Weg des Mannes auf der Karte auf Seite 51 ein.

**4** Aus welcher Stadt kommt die Frau? Kreuze an.

- ☐ New York
- ☐ Die Angabe steht nicht im Text.
- ☐ Boston
- ☐ Lexington

**5** Wie reist die Frau zu dem Mann?
Beschreibe für jeden Teil ihrer Reise die Verkehrsmittel und die Hindernisse.

______________________________________________

______________________________________________

______________________________________________

______________________________________________

______________________________________________

**6** Welche Hinweise gibt es im Text, dass der Mann und die Frau ein Paar sind oder es früher einmal waren? Zitiere drei solcher Textstellen mit Zeilenangabe.

a) ______________________________________________

______________________________________ (Z. ________)

b) ______________________________________________

______________________________________ (Z. ________)

c) ______________________________________________

______________________________________ (Z. ________)

**7** Eine Leserin schreibt: „In der Zeit, in der die Kurzgeschichte spielt, hat es offensichtlich noch keine Handys gegeben – jedenfalls hatte der Mann keines." Zitiere zwei Sätze aus einer Textstelle, die diese Aussage der Leserin belegen.

a) ______________________________________________

______________________________________ (Z. ________)

b) ______________________________________________

______________________________________ (Z. ________)

**8** Warum geht der Mann zum Einkaufen? Kreuze an.

Der Mann geht zum Einkaufen in ein Lokal, weil ...

- ☐ ... er nur Wodka und Eis im Kühlschrank hat und lieber Tee trinken würde.
- ☐ ... er Hunger hat und überlegt, dass sie bei der Ankunft hungrig sein wird.
- ☐ ... er es langweilig findet zu warten und lieber die verschneite Stadt erkundet.
- ☐ ... er einfach etwas tun muss, um das Warten aushalten zu können.

**9** **a.** Wie hat sich der Mann bei früheren Besuchen der Frau verhalten? Beschreibe sein Verhalten in eigenen Worten. Gib die Zeilenangaben an.

______________________________________________

______________________________________________

______________________________________________

______________________________________________

**b.** Wie verhält sich der Mann dieses Mal? Beschreibe sein Verhalten in eigenen Worten. Gib die Zeilenangaben an.

______________________________________________

______________________________________________

______________________________________________

______________________________________________

**10** Wie reagiert der Mann, als die Frau ankommt? Kreuze an.

Als die Frau endlich klingelt, ist der Mann ...

- ☐ ... ärgerlich, weil er nun extra aufstehen muss.
- ☐ ... sehr froh, er zieht sich an und deckt den Tisch für sie.
- ☐ ... ungläubig, weil er kaum glauben kann, dass sie wirklich da ist.
- ☐ ... einfach nur müde und wünscht sich, dass sie gleich schlafen will.

**11** Beschreibe das Verhalten der Frau nach ihrer Ankunft in eigenen Worten. Gib dazu die Zeilenangaben an.

______________________________________________

______________________________________________

______________________________________________

______________________________________________

**12** a. Wie reagieren die Menschen in der Kurzgeschichte auf den Schneesturm? Kreuze an.

- ☐ Fast alle Menschen ärgern sich über den Schneesturm und das Chaos.
- ☐ Die Menschen richten sich auf das Wetter ein. Einige sind erstaunt.
- ☐ Die Menschen haben Angst vor einer Katastrophe.
- ☐ Alle Menschen nutzen das Wetter für Wintersport in der Stadt.

b. Zitiere als Beleg für deine Auswahl eine passende Textstelle.

_______________________________________________

_______________________________________ (Z. ________)

**13** Wie bewegen sich die Menschen in Manhattan durch den Schneesturm? Beschreibe alle im Text genannten Möglichkeiten der Fortbewegung.

_______________________________________________

_______________________________________________

_______________________________________________

_______________________________________________

_______________________________________________

**14** Untersuche die Art und Weise, wie die Figuren charakterisiert werden. Kreuze an, ob die Aussagen zutreffen oder nicht.

| | trifft zu | trifft nicht zu |
|---|---|---|
| a) Die Figuren werden durch ihr Verhalten charakterisiert. | ☐ | ☐ |
| b) Das Äußere der Figuren wird sehr genau beschrieben. | ☐ | ☐ |
| c) Viele Sätze beginnen mit den Pronomen „er“ oder „sie“. | ☐ | ☐ |
| d) Zum Schluss wird über die Figuren nur als Paar gesprochen. | ☐ | ☐ |

**15** Untersuche die Darstellung von Kommunikation im Text. Kreuze an, ob die Aussagen zutreffen oder nicht.

| | trifft zu | trifft nicht zu |
|---|---|---|
| a) Alle Gespräche im Text stehen in der direkten Rede. | ☐ | ☐ |
| b) Der Text enthält lange und sehr dramatische Dialoge. | ☐ | ☐ |
| c) Direkte Rede wird vor allem am Schluss verwendet. | ☐ | ☐ |
| d) Der überwiegende Teil der Gespräche und Mitteilungen steht in indirekter Rede mit dem Konjunktiv. | ☐ | ☐ |

**16** Untersuche den Satzbau. Kreuze an, ob die Aussagen zutreffen oder nicht.

| | trifft zu | trifft nicht zu |
|---|---|---|
| a) Es gibt lange, kompliziert verschachtelte Satzgefüge. | ☐ | ☐ |
| b) Sehr viele Nebensätze erklären das Geschehen genau. | ☐ | ☐ |
| c) Es werden vor allem Hauptsätze verwendet. | ☐ | ☐ |
| d) Es ist ein Telegrammstil. Oft fehlt das Prädikat. | ☐ | ☐ |

**17** Beschreibe in eigenen Worten, was am Ende der Kurzgeschichte passiert.

_______________________________________________

_______________________________________________

_______________________________________________

_______________________________________________

# 2. Prüfungsteil: Der Schreibauftrag

**Im zweiten Prüfungsteil bearbeitest du einen Schreibauftrag.**

**Tipp:** Wenn dir die Bearbeitung des Schreibauftrags zu schwerfällt, nutze die Aufgaben auf den Seiten 60 bis 61 zur Vorbereitung.

**Dein Arbeitsauftrag**

Interpretiere die Kurzgeschichte „Die ganze Nacht“ von Peter Stamm.
Berücksichtige dabei folgende Teilaufgaben.
- Nenne in der Einleitung Titel, Autor und Thema der Kurzgeschichte.
- Fasse den Inhalt der Kurzgeschichte kurz zusammen und stelle fest, aus welcher Perspektive erzählt wird.
- Weise die Merkmale einer Kurzgeschichte am Text nach.
- Charakterisiere die Hauptfigur und die zweite wichtige Figur.
- Stelle das Verhältnis zwischen der Hauptfigur und der zweiten Figur dar.
- Weise nach, welche Rolle das Wetter, die Verkehrsmittel und die Verkehrswege in dieser Kurzgeschichte spielen.
- Deute die Überschrift.
- Bewerte die Kurzgeschichte.

**In der Prüfung sollst du oft etwas zu einem literarischen Text schreiben. Um dafür zu üben, kannst du eine der folgenden Aufgaben auswählen.**

**Dein Arbeitsauftrag**

Schreibe zu „Die ganze Nacht“ von Peter Stamm ...

a) ... einen Tagebucheintrag einer der beiden Figuren.
**Tipp:** Erzähle Ereignisse im Präteritum und schreibe Gedanken im Präsens.

b) ... eine Parallelgeschichte aus der Sicht der Frau.
**Tipp:** Verwende Erzählweise und Zeitformen der Kurzgeschichte.

c) ... ein anderes Ende ab Zeile 87 oder ab Zeile 99.
**Tipp:** Verwende Erzählweise und Zeitformen der Kurzgeschichte.

d) ... eine Erörterung über das Verhalten des Mannes.
**Tipp:** Überlege, ob der Mann der Frau überzeugend zeigt, dass er sie liebt.

**Du kannst für deine Schreibplanung die folgenden Aufgaben nutzen oder selbstständig auf eigenen Blättern arbeiten.**

**Arbeitstechniken nutzen**

**1** Welche Arbeitstechniken nutzt du für deine Aufgaben?
Schreibe jeweils die Namen der Arbeitstechnik(en) und die entsprechenden Seitenzahlen aus diesem Heft auf.

a) Für das Verständnis der Prüfungsaufgaben:

_______________________________________________

b) Beim Lesen der Geschichte:

_______________________________________________

c) Beim Gliedern und bei der Stoffsammlung:

_______________________________________________

d) Beim Schreiben der Analyse der Kurzgeschichte:

_______________________________________________

_______________________________________________

Fragen helfen dir, Stichworte für deine Gliederung zu sammeln.

das Schreiben planen

**2** Notiere Stichworte für die Einleitung deines Textes.
Was ist der Titel? Wer ist der Autor/die Autorin? Was ist das Thema?

**Einleitung:** ______

______

______

**3** Notiere Stichworte für den Hauptteil deines Textes.

**Hauptteil:** ______

Was passiert in der Kurzgeschichte? ______

______

______

Welche Erzählperspektive liegt vor? ______

______

Welche Merkmale einer Kurzgeschichte erkennst du? ______

______

Wie ist die Hauptfigur charakterisiert? ______

______

______

Wie sind andere Figuren charakterisiert? ______

______

Wie ist das Verhältnis der Figuren? ______

______

Welche Bedeutung haben Bilder in der Kurzgeschichte (z. B.: das Wetter, die Verkehrsmittel, Blumen usw.)? ______

______

______

Was hat die Überschrift mit der Kurzgeschichte zu tun? ______

______

**4** Notiere Stichworte für den Schluss deines Textes.
- Wie bewertest du die Kurzgeschichte?
- Welche Meinung hast du zu der Kurzgeschichte?

**Schluss:** ______

______

______

______

# 3. Prüfungsteil: Sprachwissen

**1** Im folgenden Zitat ist ein Nebensatz markiert.

„Der Schnee fiel unaufhörlich, er fiel und fiel, und außer einigen Taxis, die im Schritttempo fuhren, waren keine Autos mehr zu sehen." (Z. 38–40)

**a.** Um was für eine Art von Nebensatz handelt es sich? Kreuze an.

- ☐ Relativsatz
- ☐ Konjunktionalsatz
- ☐ Satzgefüge
- ☐ Konditionalsatz

**b.** Schreibe den markierten Nebensatz als Hauptsatz auf.

Außer einigen Taxis waren keine Autos mehr zu sehen. ______________________

______________________________________________

**2** Im folgenden Zitat sind Wörter verschiedener Wortarten markiert.

„Er schaltete wieder den Fernseher ein. Ein Mann stand vor einer Karte und erklärte, dass der Sturm entlang der Küste nach Norden ziehe, er habe inzwischen Boston erreicht. In New York sei das Schlimmste vorüber, sagte der Mann und lächelte, aber es werde wohl noch die ganze Nacht schneien." (Z. 83–86)

**a.** Schreibe die markierten Wörter jeweils hinter die passende Wortart.

Adjektiv: ______________ Präposition: ______________

Nomen: ______________ Artikel: ______________

Verb: ______________ Personalpronomen: ______________

Konjunktion: ______________ Adverb: ______________

**b.** In welchem Fall steht der markierte Artikel? Kreuze an.

☐ Nominativ ☐ Genitiv ☐ Dativ ☐ Akkusativ

**c.** Bilde den Infinitiv des markierten Verbs. ______________

**3** Um welche Wortart handelt es sich bei „aus" im folgenden Satz? Kreuze an.

„Er schaltete den Fernseher aus und trat wieder ans Fenster." (Z. 87)

☐ Artikel ☐ Pronomen ☐ Konjunktion ☐ Teil des Verbs

**4** **a.** Schreibe auf, wie die Zeitformen der markierten Verben heißen.

„Er wusste, dass sie eine Erklärung verlangen würde, und wusste, dass er keine hatte. Er hatte nie Erklärungen gehabt, aber er war sich immer sicher gewesen." (Z. 14–16)

wusste, hatte: ______________________

hatte gehabt, war gewesen: ______________________

**b.** Schreibe den zweiten Satz des Zitats im Präsens auf.

______________________________________________

______________________________________________

**5** a. Wie nennt man die markierte Verbform im folgenden Zitat? Kreuze an.

„Der Flug, sagte man ihm, sei wegen des Schneesturms nach Boston umgeleitet worden." (Z. 32–33)

☐ Infinitiv ☐ Konjunktiv I ☐ Konjunktiv II ☐ Genitiv

b. Warum wird in dem zitierten Satz diese Verbform verwendet?
Verwende in deiner Antwort die passenden Fachbegriffe.

______

______

______

______

**6** Gib die folgenden zwei Zitate in indirekter Rede wieder.
Verwende den **Konjunktiv I** oder die **Ersatzform** mit würde.

„Sie sagte: ‚Ich bin so unglaublich müde.'" (Z. 99)

______

„‚Ich liebe den Schnee', sagte er." (Z. 115)

______

**7** Beschreibe das Wetter und seine Folgen als Bericht.
Gib dafür den folgenden Textauszug im Präsens wieder.

„Eine Stunde später stand er wieder am Fenster. Es schneite noch immer, heftiger als zuvor, es war ein richtiger Schneesturm. Der Hausmeister hatte seinen Kampf aufgegeben. Alles war jetzt weiß, selbst die Luft schien weiß zu sein oder vom hellen Grau der einsetzenden Dämmerung, das kaum zu unterscheiden war vom Weiß des fallenden Schnees." (Z. 17–21)

______

______

______

______

______

______

______

**8** Bestimme im folgenden Satz die beiden markierten Objekte.
Schreibe die Fachbegriffe für diese beiden unterschiedlichen Objekte auf.

„Ich habe dem Fahrer zwanzig Dollar gegeben und gesagt, bringen Sie mich hin, egal wie." (Z. 109–110)

1. Objekt: ______

2. Objekt: ______

**9** Erkläre die Bedeutung des folgenden Wortes.

Konvoi: ______

# Extra: Hilfen zum 2. Prüfungsteil

**Diese Aufgaben helfen dir bei der Bearbeitung deines Schreibauftrags.**

Schreibauftrag ➤ S. 56

**1** Bei der Zusammenfassung des Inhalts helfen dir die Handlungsbausteine. Beantworte die Fragen zu den Handlungsbausteinen in Stichworten.

a) Wer ist die Hauptfigur und in welcher Situation befindet sie sich?

______________________________

b) Welchen Wunsch hat die Hauptfigur? ______________________________

______________________________

c) Welches Hindernis muss die Hauptfigur überwinden? ______________________________

______________________________

d) Wie reagiert die Hauptfigur auf das Hindernis? ______________________________

______________________________

e) Wie endet die Geschichte? ______________________________

______________________________

**2** Welche Merkmale hat eine Kurzgeschichte?

a. Ergänze im Text die Merkmale mit den passenden Wörtern vom Rand.

vermittelt/unvermittelt, offen/geschlossen, Endpunkt/Wendepunkt, gering/groß, einmalig/alltäglich, kurz/lang

### Merkmale einer Kurzgeschichte

Charakteristisch für eine Kurzgeschichte ist ein ______________ **Einstieg** und es gibt meist nur eine ______________ **Anzahl an Figuren**. Obwohl eine Kurzgeschichte meist nur einen ______________ **Ausschnitt** aus einem ______________ **Geschehen** erzählt, wird darin oft ein **entscheidender Moment** (ein ______________) im Leben der Hauptfigur dargestellt. Typisch für die Kurzgeschichte ist ein ______________ **Ende**.

b. Schreibe die sechs Merkmale in die linke Spalte der Tabelle.

c. Welche Merkmale treffen auf die Geschichte zu? Kreuze an. Begründe deine Auswahl in Stichworten.

| Merkmal | trifft auf „Die ganze Nacht“ zu, weil … |
|---|---|
| *unvermittelter Einstieg* | ☒ *Hauptfigur nicht vorgestellt, keine Einführung* |
| | ☐ |
| | ☐ |
| | ☐ |
| | ☐ |
| | ☐ |

**3** Welche Angaben zu den Figuren sind eindeutig – was kannst du vermuten?
**a.** Schreibe zu den Figuren alle Fakten aus dem Text in die Tabelle.
Du kannst die Liste am Rand als Hilfsmittel verwenden.
**b.** Schreibe deine Vermutungen und Fragen zu den Figuren auf.

| | Fakten | Vermutungen/offene Fragen |
|---|---|---|
| **Hauptfigur (der Mann)** | | |
| **die Frau** | | |

Name,
Alter,
Aussehen,
Kleidung,
besondere Gegenstände,
Beruf,
finanzielle Lage,
Wohnort,
Gewohnheiten,
Art der Beziehung,
Dauer der Beziehung,
Verständigung

**4** Wie schätzt du das Verhältnis der beiden Figuren ein?
**a.** Markiere in den folgenden Textstellen Angaben zu ihrem Verhältnis.
**b.** Schreibe unter jeder Textstelle deine Idee zum Verhältnis der Figuren auf.

„Er wusste, dass sie eine Erklärung verlangen würde, und wusste, dass er keine hatte. Er hatte nie Erklärungen gehabt, aber er war sich immer sicher gewesen." (Z. 14–16)

„Sie sagte, sie freue sich auf ihn, und er sagte, sie solle auf sich aufpassen. Sie sagte, bis später, und legte sofort auf." (Z. 36–37)

„Er dachte, dass er etwas einkaufen sollte. Sie würde bestimmt hungrig sein nach der langen Reise. […] Er hatte sich ein Sandwich für sie einpacken lassen und gemerkt, dass er nicht wusste, was sie mochte. Er hatte eins mit Schinken und Käse genommen. Keine Majonäse, keine Pickles, das wusste er noch." (Z. 43–44, 76–78)

„Sie stand einfach nur da, neben ihrem großen roten Koffer, und wartete. Er trat auf sie zu." (Z. 96–97)

**5** Welche Bedeutung könnten diese Bilder in der Kurzgeschichte haben?
Schreibe zu jedem Bild eine Deutungsmöglichkeit auf.

Blumen aus dem Automaten: ______________________________

______________________________

Verkehrsmittel: ______________________________

______________________________

______________________________

Schnee: ______________________________

______________________________

______________________________

Schneesturm: ______________________________

______________________________

______________________________

**6** Welche Bedeutung hat die Überschrift der Kurzgeschichte?

**a.** Schreibe aus dem Text zwei zur Überschrift passende Zitate auf.
Schreibe beim ersten Zitat dazu, was damit gemeint ist.

______________________________

______________________________

______________________________

**b.** Schreibe auf, was die Überschrift für die Reise der Frau bedeutet.

______________________________

______________________________

**c.** Schreibe auf, was die Überschrift für die Hauptfigur bedeutet.

______________________________

______________________________

**7** Welche Meinung hast du zu der Kurzgeschichte?

**a.** Schreibe auf, was dir an dieser Geschichte gut gefällt.

______________________________

______________________________

______________________________

**b.** Schreibe auf, was dir an dieser Geschichte nicht gefällt.

______________________________

______________________________

______________________________

# Extra: Reflexion der eigenen Arbeit

**Beschreibe deine erfolgreichen Strategien und deine Schwierigkeiten bei der Bearbeitung der Prüfungsaufgaben mithilfe der Aufgaben und Fragen.**

**1** Welcher Prüfungsteil ist dir leichtgefallen – welcher nicht? Kreuze an.

**1. Prüfungsteil:** ☐ sehr leicht ☐ leicht ☐ mittel ☐ schwer ☐ sehr schwer

**2. Prüfungsteil:** ☐ sehr leicht ☐ leicht ☐ mittel ☐ schwer ☐ sehr schwer

**3. Prüfungsteil:** ☐ sehr leicht ☐ leicht ☐ mittel ☐ schwer ☐ sehr schwer

**2** Welche Aufgaben im Prüfungsteil „Leseverstehen" sind dir besonderes leicht- oder besonders schwergefallen? Gibt es Aufgaben, die du nicht gut verstanden hast?

**3** Wie bist du bei der Analyse des Prosatextes vorgegangen? Beschreibe.

**4** Wie bist du bei der Bearbeitung der Schreibaufgabe vorgegangen? Beschreibe.

**5** Welcher Teil der Prüfung war für dich am leichtesten? Begründe deine Antwort.

**6** Wie hast du Aufgaben gelöst, die für dich besonders schwierig waren? Beschreibe, wie du beim Lösen von Problemen vorgegangen bist.

# Prüfung: Ein Gedicht interpretieren

Hilfen zu dieser Prüfungsaufgabe findest du auf den folgenden Seiten.

## Dein Arbeitsauftrag

Schreibe eine Interpretation des Gedichts „Ermutigung“ von Wolf Biermann.
Bearbeite dabei folgende Teilaufgaben.

a) Untersuche das Gedicht inhaltlich und formal.
b) Beschreibe die sprachlichen Mittel des Textes und deren Wirkung auf die Leser.
c) Überprüfe deine Ergebnisse im Hinblick auf den zeitgeschichtlichen Hintergrund.
d) Nimm zu dem Gedicht Stellung. Frage dich: Wozu ermutigt mich das Gedicht von Wolf Biermann? Begründe deine Antwort!

**Wolf Biermann** kam 1936 in Hamburg zur Welt. Sein Vater wurde 1943 in Auschwitz ermordet. 1953 siedelte Biermann in die DDR über. Seit 1960 veröffentlicht er Lieder und Gedichte. 1965 verhängte der Staat ein totales Auftritts- und Publikationsverbot gegen ihn. Er war danach der radikalste Kritiker der Parteidiktatur in der DDR. 1976 wurde Biermann ausgebürgert und ging zurück nach Hamburg.

## Ermutigung – Wolf Biermann

*Peter Huchel gewidmet*

Du, lass dich nicht verhärten
In dieser harten Zeit
Die allzu hart sind, brechen
Die allzu spitz sind, stechen
Und brechen ab sogleich

Du, lass dich nicht verbittern
In dieser bittren Zeit
Die Herrschenden erzittern
– sitzt du erst hinter Gittern –
Doch nicht vor deinem Leid

Du, lass dich nicht erschrecken
In dieser Schreckenszeit
Das wolln sie doch bezwecken
Dass wir die Waffen strecken
Schon vor dem großen Streit

Du, lass dich nicht verbrauchen
Gebrauche deine Zeit
Du kannst nicht untertauchen
Du brauchst uns, und wir brauchen
Grad deine Heiterkeit!

Wir wolln es nicht verschweigen
In dieser Schweigezeit
Das Grün bricht aus den Zweigen
Wir wolln das allen zeigen
Dann wissen sie Bescheid *(1968)*

**Info**

**Peter Huchel** (1903–1981) war Lyriker und Chefredakteur der Ostberliner Literaturzeitung „Sinn und Form“, die über die Grenzen der DDR hinaus großes Ansehen genoss. Huchel geriet immer wieder mit den offiziellen Stellen der DDR in Konflikt und wurde 1962 zum Rücktritt gezwungen. In den folgenden neun Jahren lebte er, vom Staat überwacht und isoliert, in seinem Haus in Wilhelmshorst bei Potsdam. Reisen waren ihm untersagt, seine Post wurde beschlagnahmt. 1971 konnte Huchel endlich aus der DDR ausreisen.

*Wolf Biermann über Peter Huchel*
„Wir waren beide verboten, also brauchte es keinen Mut, einander zu besuchen. Ich besuchte meistens ihn, weit draußen vor Berlin, in Wilhelmshorst, eine Weltreise ums eingemauerte, will sagen um das ausgemauerte Westberlin rum. Huchel war schön alt, ich schön jung, und so passten wir. Keine Dissi-Konkurrenz[1], kein Literatenneid. Gegen ihn war ich weder vorlaut noch kleinlaut. Er wusste es meistens besser und war dennoch kein Besserwisser. Er war am lebensbitteren Ende, ich am lebenshungrigen Anfang.“

1 Dissi-Konkurrenz: Dissidenten-Konkurrenz unter denen, die in der Öffentlichkeit gegen den sozialistischen Staat auftraten

# Extra: Hilfen zu deinem Arbeitsauftrag

**Diese Aufgaben helfen dir bei der Bearbeitung deines Arbeitsauftrags. Du beschäftigst dich mit dem Thema und der Form des Gedichts.**

**1** Lies das Gedicht mithilfe des Textknackers.

**2** Schreibe deinen ersten Eindruck von Biermanns Gedicht auf.

______________________________________________

______________________________________________

______________________________________________

______________________________________________

**3** Was verbindest du mit dem Begriff „Ermutigung" in der Überschrift des Gedichts?

**a.** Beschreibe, wie du dir eine Ermutigung vorstellst. Schreibe in dein Heft.

**b.** Schreibe ein Akrostichon in dein Heft.
Verwende Wörter, die zu deiner Vorstellung von Ermutigung passen.

**Starthilfe**

**E**rmutigen zu ...
**R**enitenz
**M**einung sagen
**U**...

**4** Untersuche das lyrische Ich im Gedicht.
Beantworte dazu diese Fragen in deinem Heft:
Wer spricht? Wer wird angesprochen? Wie wird die Person angesprochen?
**Tipp:** Berücksichtige dabei die Widmung des Gedichts.

**5** Wozu ermutigt der lyrische Sprecher den Angesprochenen im Einzelnen?

**a.** Trage passende Zitate, nach Strophen geordnet, in eine Tabelle ein.
Lege die Tabelle in deinem Heft an.

**b.** Erkläre in eigenen Worten, wie du das Zitat verstehst.

**Starthilfe**

| Strophe | Zitat (Zeilenangabe) | Bedeutung |
|---|---|---|
| 1. Strophe | „Du, lass dich nicht verhärten" (Z.1) | die Aufforderung, nicht zu verbittern |
| 2. Strophe | ... | |
| ... | | |

**6** Worum geht es in dem Gedicht „Ermutigung"?
Fasse den Inhalt in eigenen Worten zusammen. Schreibe in ganzen Sätzen.

______________________________________________

______________________________________________

______________________________________________

______________________________________________

______________________________________________

**7** Wie viele Strophen und Verse hat das Gedicht? Schreibe einen Satz auf.

______________________________________________

______________________________________________

**8** Beschreibe das Reimschema des Gedichts. Schreibe in dein Heft.
**Tipp:** Vergleiche das Reimschema mit verwandten Reimschemata.

**Du beschäftigst dich mit der sprachlichen Gestaltung des Gedichts.**

**9** Untersuche in den Strophen jeweils die ersten beiden Verse.
**a.** Markiere die verwandten Wörter.
**b.** Welche Wirkung wird mit diesem Wortspiel erzeugt? Schreibe in dein Heft.

**Starthilfe**

Du, lass dich nicht verhärten
In dieser harten Zeit
Die allzu hart sind, brechen
...

**Du untersuchst die sprachlichen Bilder in dem Gedicht und berücksichtigst dabei den zeitgeschichtlichen Hintergrund.**

**10** Lies die drei Informationstexte am Rand auf Seite 64.

**11** **a.** Über wen oder was wird in der ersten Strophe gesprochen? Kreuze an.

☐ Lanzen ☐ Menschen ☐ Bleistifte ☐ Schriftsteller

**b.** Begründe deine Auswahl.

______________________________________________

______________________________________________

______________________________________________

**12** Erkläre die folgenden Begriffe oder Bilder aus dem Gedicht.

„Die Herrschenden“ (Z. 8) ______________________________

______________________________________________

„hinter Gittern“ (Z. 9) ______________________________

______________________________________________

„Dass wir die Waffen strecken“ (Z. 14) ______________________________

______________________________________________

______________________________________________

**13** Untersuche die letzte Strophe des Gedichts.
**a.** Erläutere, welche Wirkung die Wir-Form in dieser Strophe hat.

______________________________________________

______________________________________________

______________________________________________

______________________________________________

**b.** Erkläre die Aussage am Ende dieser Strophe.

*Mit dem ausbrechenden „Grün“ (Z. 23)* ______________________________

______________________________________________

______________________________________________

______________________________________________

# Extra: Die Interpretation schreiben

**Die Ergebnisse deiner Untersuchung stellst du in einem ausführlichen und zusammenhängenden Text dar. Dabei nutzt du die Arbeitstechnik „Eine Gedichtinterpretation schreiben“.**

➤ Die Arbeitstechnik „Eine Gedichtinterpretation schreiben“ findest du in der hinteren Umschlagseite.

**1** Schreibe die **Einleitung** für deine Interpretation auf.
Nenne dabei auch das Thema des Gedichts in einem Satz.
Du kannst die Wörter und Wortgruppen vom Rand verwenden.

verfasst, handelt von,
thematisiert,
geht es um

**2** Stelle im **Hauptteil** die Ergebnisse deiner Textuntersuchung dar.
Gehe dabei auf den Inhalt, die Form und den zeitgeschichtlichen Hintergrund des Gedichts ein.

a. Gib den Inhalt der Strophen in eigenen Worten wieder.
Schreibe in dein Heft.

Starthilfe

In der ersten Strophe des Gedichts „Ermutigung“ ...

b. Beschreibe die Form, den Sprecher, den Angesprochenen und die sprachlichen Bilder.
- Notiere deine Untersuchungsergebnisse in einer Tabelle in deinem Heft.
- Beschreibe die Wirkung der sprachlichen und formalen Mittel.
- Berücksichtige die Widmung des Gedichts.

Starthilfe

| **Formale und sprachliche Mittel** | **Beobachtung** | **Inhaltliche Bedeutung und Funktion** |
|---|---|---|
| äußere Form | Überschrift, Widmung, 5 Strophen zu je 5 Versen, Reimschema ..., Metrum ..., | ... |
| lyrisches Ich | ... | ... |
| angesprochene Person | ... | ... |
| sprachliche Bilder | ... | ... |
| ... | ... | ... |

c. Formuliere deine Untersuchungsergebnisse aus der Tabelle in einem zusammenhängenden Text.
Belege deine Aussagen mit Textstellen.
- Wende dabei die Regeln zum Zitieren an.
- Verbinde deine Beobachtungen und Deutungen mit geeigneten Überleitungen.

Du kannst die folgenden Wörter und Wortgruppen verwenden.

➤ Merkwissen zum Zitieren findest du in der hinteren Umschlagklappe.

zentral ist ..., dass   außerdem   darüber hinaus   weiterhin   anschließend
eine thematisch ähnliche Stelle findet sich   im Gegensatz dazu
im Unterschied dazu   ganz anders an/in   abschließend   zusammenfassend
an mehreren Stellen im Text   unterstützt wird diese Deutung durch
man kann diese Tatsache so deuten, dass   einerseits ..., andererseits
wohingegen   inhaltlich entwickelt der Text   dabei steht im Vordergrund
der Text ruft dazu auf   der Text verneint an dieser Stelle   richtet einen Appell

**3** Fasse im **Schlussteil** deine Ergebnisse kurz zusammen und ergänze deine eigene Meinung zu dem Gedicht.

**4** Schreibe die Gedichtinterpretation vollständig auf.
Du kannst den Computer nutzen.

# **Extra:** Einen Text überarbeiten

**Du überarbeitest Absätze aus verschiedenen Interpretationen des Gedichts „Ermutigung“ und schreibst sie auf. Du kannst zusätzliche Belege einfügen. Die Kommentare am Rand helfen dir dabei.**

**1** Gib fehlende Informationen vollständig an und achte auf die Wortwahl.

Biermanns Gedicht „Ermutigung“ von 68 mit Widmung fordert einen Menschen dazu auf, sich von niemandem unterkriegen zu lassen.

*es fehlen Angaben, Ausdruck!*

**2** Teile diese Informationen auf. Verwende einfache und verständliche Sätze.

Das Gedicht hat ein sehr gleichmäßiges Metrum, einen auftaktigen, dreihebigen Jambus, was vor allem den Grund haben mag, dass der Liedermacher diesen Text zur Gitarre singen wollte, jedenfalls endet der zweite Reim in jeder Strophe mit einer Hebung, die übrigen drei Verse aber jeweils mit einer unbetonten Silbe.

*Satzbau zu lang*

**3** Ergänze Angaben oder Belege, damit die Aussagen verständlich werden.

Das gleichmäßige Metrum wird an drei Stellen durch die verkürzte Verbfom „wolln“ erzwungen, vermutlich, damit sich der Text gut singen lässt. Durch die umgangssprachliche Wortform bekommt das ernste Thema eine menschliche Note. Das gemeinsame „Wolln“ zukünftiger Veränderungen macht es erträglicher, in Opposition zu einem politischen System zu stehen, in dem der „freie Wille“ seiner Bürger weder vorgesehen noch erwünscht ist.

*Nachweis fehlt*

*genaue Angaben fehlen*

**4** Überarbeite so, dass abwechslungsreich formulierte Sätze entstehen.

Inhaltlich entwickeln die fünf Strophen das Thema der Ermutigung des Angesprochenen, der unter einer harten Zeit leidet.
Die erste Strophe ruft dazu auf, nicht hart zu werden, weil mit zu großer Verhärtung die Gefahr des Zerbrechens einhergeht.
Die zweite Strophe ruft dazu auf, nicht zu verbittern, weil die Herrschenden kein Problem damit hätten, wenn die angesprochene Person leidet.
Die dritte Strophe ruft dazu auf, nicht zu erschrecken, weil das ja gerade das sei, was die Herrschenden sich wünschen. Die Herrschenden wollen, dass die politischen Gegner schon vor einer Auseinandersetzung aufgeben.
Die vierte Strophe ruft dazu auf, sich nicht verbrauchen zu lassen oder unterzutauchen, weil die angesprochene Person von anderen gebraucht wird.
Die letzte Strophe ruft dazu auf, die Hoffnung nicht zu verlieren und anderen Menschen Hoffnung zu machen, dass eine Veränderung möglich ist.

*Wiederholung von Satzstruktur und Formulierung*

**5** Vermeide die Ich-Form. Schreibe den Satz um.

Dass der Text uns Leser direkt anspricht („Du“ in den Strophen 1 bis 4), zeigt seine appellative Intention. Wegen der Widmung richtet sich der Appell an Peter Huchel, aber ich fühle mich auch angesprochen.

*„ich“ vermeiden*

**6** Ergänze die fehlende Deutung zu dieser Beobachtung.

Die ersten vier Strophen beginnen mit „Du“, die letzte dagegen mit „Wir“.

# Extra: Reflexion der eigenen Arbeit

**Beschreibe deine erfolgreichen Strategien und deine Schwierigkeiten bei der Bearbeitung deiner Prüfungsaufgabe mithilfe folgender Fragen.**

**1** Welcher Arbeitsschritt ist dir besonders leichtgefallen – welcher nicht? Kreuze an.

das Lesen und Verstehen des Gedichts
☐ sehr leicht ☐ leicht ☐ mittel ☐ schwer ☐ sehr schwer

die Beschreibung der Form (Strophen, Reime, Reimschema, Metrum)
☐ sehr leicht ☐ leicht ☐ mittel ☐ schwer ☐ sehr schwer

die Beschreibung des Inhalts
☐ sehr leicht ☐ leicht ☐ mittel ☐ schwer ☐ sehr schwer

die Beschreibung und Deutung von sprachlichen Mitteln
☐ sehr leicht ☐ leicht ☐ mittel ☐ schwer ☐ sehr schwer

die Deutung (Interpretation) von Inhalt, Form und sprachlichen Mitteln
☐ sehr leicht ☐ leicht ☐ mittel ☐ schwer ☐ sehr schwer

**2** Wie bist du beim Lesen des Gedichts vorgegangen? Beschreibe.

______________________________________________

______________________________________________

______________________________________________

______________________________________________

**3** Wie bist du bei der Bearbeitung der Schreibaufgabe vorgegangen? Beschreibe.

______________________________________________

______________________________________________

______________________________________________

______________________________________________

**4** Welche Teilaufgabe war für dich am leichtesten? Begründe deine Antwort.

______________________________________________

______________________________________________

______________________________________________

______________________________________________

**5** Wie hast du Aufgaben gelöst, die für dich besonders schwierig waren? Beschreibe, wie du beim Lösen von Problemen vorgegangen bist.

______________________________________________

______________________________________________

______________________________________________

______________________________________________

# Sprache in Beruf und Alltag

## Bewerbungsschreiben verfassen

**Du hast Bewerbungsschreiben oft geübt und kannst sie beurteilen.**

➤ Die Arbeitstechnik „Ein Bewerbungsschreiben verfassen“ findest du in der hinteren Klappe.

**1** Welche Angaben sollte dein Bewerbungsschreiben enthalten? Kreuze an.

- ☐ Angaben zur Person
- ☐ Angaben zu Schule und Klasse
- ☐ Angaben zum Schulabschluss
- ☐ Angaben zu Praktika
- ☐ Angaben von Ort und Datum
- ☐ Begründung für die Wahl des Ausbildungsbetriebs
- ☐ Aufzählung der Familienmitglieder
- ☐ Begründung für schlechte Noten
- ☐ Begründung des Berufswunsches
- ☐ Angabe des Betreffs
- ☐ Angabe aller Anlagen

**2** **a.** Lies die drei folgenden Bewerbungsschreiben aufmerksam.
**b.** Welche Fehler fallen dir auf? Notiere Stichworte am Rand.

Frankfurt, den 12. November 2012

Sehr geehrte Damen und Herren,

ich möchte mich bei Ihnen um einen Ausbildungsplatz als Einzelhandelskauffrau bewerben. Ich besuche zurzeit die Martin-von-Tours-Schule in Neustadt/Hessen und werde diese im Sommer 2013 mit einem Realschulabschluss verlassen. Ich habe während eines Praktikums im Kaufhaus Schwarz in Neustadt/Hessen Interesse an diesem Beruf gefunden. Ich würde mich über die Einladung zu einem Bewerbungsgespräch freuen.

Mit freundlichen Grüßen

*Elena Blumenfeld*

Anlagen: Lebenslauf, Zeugnis der Klasse 9, Praktikumszeugnis

Duisburg, den 10. November 2012

**Ich bewerbe mich auf die Stelle bei Ihnen**

Sehr geehrte Damen und Herren,

ich möchte mich mit diesem Schreiben um einen Ausbildungsplatz als zahnmedizinische Fachangestellte in Ihrer Praxis bewerben. Ich besuche zurzeit die 10. Realschulklasse der Martin-von-Tours-Schule in Neustadt/Hessen, die ich im Sommer 2013 mit dem Realschulabschluss verlassen werde. Ich habe die verschiedenen Tätigkeiten und Abläufe in einem Fachgeschäft durch ein Berufspraktikum in der Bäckerei Neuer kennen gelernt. Ich konnte hier verschiedene Ideen, die ich als Übungsleiterin unseres Turnvereins gelernt habe, sehr gut einbringen. Ich schätze die Zusammenarbeit mit anderen Kollegen, die an solch einer Arbeitsstelle wichtig ist, und bin auch in schwierigen Situationen belastbar. Ich shoppe in meiner Freizeit mit Freundinnen, frisiere sie gerne und interessiere mich für die neueste Mode. Ich besitze Fachkenntnisse in Deutsch, Mathe und Englisch. Ich würde mich über eine Einladung zu einem Bewerbungsgespräch sehr freuen.

Mit freundlichen Grüßen

*Chantal Holzmann*

**Bewerbung auf den Ausbildungsplatz als Bürokaufmann**

Sehr geehrte Damen und Herren,

hiermit möchte ich mich auf den auf Ihrer Internetseite ausgeschriebenen Ausbildungsplatz als Bürokaufmann in der Gemeindeverwaltung bewerben. Ich interessiere mich für diesen Beruf, weil ich die Organisation des Gemeinwesens wichtig finde.

Zurzeit besuche ich die 10. Klasse der Martin-von-Tours-Schule in Neustadt/Hessen, die ich im Sommer 2013 mit dem Realschulabschluss verlassen werde. Durch ein Berufspraktikum bei der Stadt Kirchhain habe ich bereits die Tätigkeitsgebiete eines Bürokaufmannes kennen gelernt. Dabei konnte ich Kenntnisse aus meinem Wahlpflichtkurs „Textverarbeitung und Tabellenkalkulation" und meine Teamfähigkeit einbringen. Ich konnte auch zeigen, dass ich in schwierigen Situationen belastbar bin. Ich besitze durch die mehrjährige Tätigkeit als Kassenwart in unserem Turnverein TV Jahn Neustadt Erfahrungen im Abrechnungswesen, im Schriftverkehr und bei Bestandserhebungen. Für neue Softwareprogramme interessiere ich mich stets.

Über die Einladung zu einem Bewerbungsgespräch würde ich mich freuen.

Mit freundlichen Grüßen

*Celan Yildiz*

**3** Welchen Fehler machen zwei der Bewerber beim Formulieren ihrer Sätze? Beschreibe den Fehler in einem Satz.

**4** **a.** Markiere in den drei Bewerbungsschreiben die persönlichen und fachlichen Stärken sowie die Interessen der Bewerber/-innen.
**b.** Welche der markierten Angaben qualifizieren für die angestrebte Ausbildung – welche nicht? Streiche die nicht geeigneten Angaben durch.
**c.** Wer wird vermutlich zum Vorstellungsgespräch eingeladen und wer nicht? Begründe deine Antworten. Schreibe in dein Heft.

**5** Ordne den Berufen persönliche und fachliche Stärken vom Rand zu.

Einzelhandelskaufmann/-frau:

Bürokaufmann/-frau:

zahnmedizinische Fachangestellte:

Erfahrung im Verkauf,
Teamfähigkeit,
Neigung zu Genauigkeit,
einfühlsames Wesen,
Textverarbeitungsprogramme und Tabellenkalkulationen beherrschen,
Kenntnisse über Hygiene,
Kenntnisse in Mathematik,
freundlicher Umgang mit Kunden,
gut in Rechtschreibung,
kreative Ideen haben, z. B. für Schaufenstergestaltung,
sorgfältig und geschickt,
sicheres Schreiben am PC

**Im Bewerbungsschreiben wirbst du für dich, indem du ein Profil deiner Fähigkeiten erstellst und deine Motivation für den Ausbildungsberuf und die Ausbildungsstelle begründest.**

**6** **a.** Ergänze in den folgenden Sätzen passende Begriffe vom Rand.
**b.** Markiere die Verben, die zu den eingesetzten Begriffen passen.

a) Bei einer Inventur, die wir gemeinsam bis zum Abend durchgeführt haben, konnte ich zeigen, dass _Belastbarkeit_ und ____________ zu meinen Stärken gehören.

b) In der Kita habe ich mein ____________ beim Umgang mit den Kindern unter Beweis stellen können.

c) Bei der Erfüllung meiner Aufgaben als Klassensprecherin zeige ich ____________.

d) Ich verfüge über gute ____________ in der Textverarbeitung.

e) Meine ____________ in Mathe haben die Vorgesetzten überzeugt.

f) Ein ____________ im Umgang mit Kunden ist für mich selbstverständlich.

g) Während der Tätigkeit im Verkauf habe ich gelernt, ____________ zu arbeiten.

h) Ich kenne die wichtigsten ____________ der Hygieneverordnung für den Umgang mit Lebensmitteln.

i) Ich beherrsche die ____________ aus dem Bewerbertraining souverän.

j) Im Praktikum habe ich ____________ im Umgang mit Werkzeugen gesammelt.

k) Im Mai habe ich die ____________ zur Streitschlichtung erworben.

l) Beim Dekorieren von Auslagen habe ich ____________ bewiesen.

Leistungen,
Engagement,
freundliches Auftreten,
~~Belastbarkeit,~~
Kenntnisse,
Qualifikation,
Teamfähigkeit,
Erfahrungen,
Bestimmungen,
kundenorientiert,
Umgangsformen,
Kreativität,
Verantwortungsbewusstsein

**7** **a.** Welchen Ausbildungsberuf strebst du an? Schreibe in dein Heft. Hast du schon eine bestimmte Ausbildungsstelle im Blick? Schreibe sie dazu.
**b.** Warum willst du dich genau auf diesen Beruf oder diese Stelle bewerben? Begründe deine Motivation für den Ausbildungsberuf oder die Stelle.

**8** Beschreibe deine eigenen Fähigkeiten und Stärken für ein Bewerbungsschreiben. Nimm Bezug auf deine Erfahrungen, zum Beispiel aus einem Praktikum. Schreibe in dein Heft.
**Tipp:** Verwende Begriffe, Verben und Formulierungen aus Aufgabe 6.

**9** Schreibe dein vollständiges Bewerbungsschreiben auf ein Extrablatt. Berücksichtige dabei alle Anforderungen an einen offiziellen Brief.
**Tipp:** Du kannst auch mit dem Computer arbeiten.

➤ Die Arbeitstechniken „Ein Bewerbungsschreiben verfassen“ und „Einen offiziellen Brief schreiben“ findest du in der hinteren Klappe.

Z **10** Verbessere Elenas Bewerbungsschreiben von Seite 70.
**Tipp:** Beantworte zunächst in Stichworten die folgenden Fragen.
- Welche Fähigkeiten und Stärken sind für diesen Beruf wichtig?
- Welche Erfahrungen könnte Elena aus Praktika mitbringen?
- Welche Motivation könnte sie für diesen Ausbildungsplatz haben?

# Einen tabellarischen Lebenslauf schreiben

Einen tabellarischen Lebenslauf schreibst du vollständig und ordentlich. Du bringst möglichst viele Angaben unter, die zu dem gewählten Beruf passen. Natürlich müssen alle Angaben der Wahrheit entsprechen.

**1** Ergänze in dem Lebenslauf die Angaben und Daten vom Rand.

**Lebenslauf**

| | |
|---|---|
| *Persönliche Daten:* | |
| *Name:* | Sergej Meier |
| | Bahnhofstraße 14<br>60000 Frankfurt |
| | 18. Juli 1996 |
| | Schlüsselburg |
| | |
| | Grundschule Westhafen |
| | Gesamtschule Sachsenhausen |
| | Realschulabschluss |
| | Englisch, Spanisch, Erdkunde |
| | Mitglied der Schülervertretung |
| | |
| | Praktikum im Reisebüro „Fernweh“ |
| | |
| | Russisch, Englisch, Spanisch |
| | Betriebssysteme, Büroanwendungen |
| | |
| | Fußball und Musik |

Frankfurt, 24. September 2012 *Sergej Meier*

Angaben:
besondere Kenntnisse,
Schulbildung,
Geburtsort,
Lieblingsfächer,
praktische Erfahrungen,
Geburtsdatum,
außerschulische Interessen,
~~persönliche Daten,~~
schulisches Engagement,
~~Name,~~
Adresse,
Sprachkenntnisse,
besondere Kenntnisse,
Computerkenntnisse,
Hobbys

Daten:
13.02. – 24.02.2012
08/2003 – 07/2007
seit 2007
voraussichtlich 2013

**2** Schreibe einen eigenen tabellarischen Lebenslauf.

**a.** Schreibe dafür die Überschriften aus Sergejs Lebenslauf in dein Heft. Ergänze zu jedem Punkt deine passenden Angaben und Daten.

**b.** Schreibe deinen Lebenslauf ordentlich auf ein Extrablatt.
**Tipp:** Du kannst auch mit dem Computer arbeiten.

# Sich per E-Mail bewerben

**Für eine Bewerbung per E-Mail benötigst du die gleichen Unterlagen wie für eine Bewerbung per Post. Deine Bewerbungsunterlagen speicherst du dafür als PDF-Datei ab. Zusätzlich verfasst du ein Anschreiben als E-Mail.**

**1** Welche Anforderungen sollte eine Bewerbung per E-Mail erfüllen? Kreuze an.

- ☐ eine seriöse E-Mail-Adresse
- ☐ eine aussagekräftige Betreffzeile
- ☐ eine höfliche Anrede und eine Grußformel
- ☐ eine handschriftliche Unterschrift
- ☐ ein kurzes Anschreiben in der E-Mail
- ☐ die persönliche E-Mail-Adresse des zuständigen Ansprechpartners
- ☐ Die Funktion „Lesebestätigung“ sollte ausgeschaltet sein.
- ☐ Die Bewerbungsunterlagen sollten als PDF-Datei beigefügt sein.
- ☐ Das aktuelle Datum sollte im Text der Mail stehen.
- ☐ Die eigene E-Mail-Adresse sollte im Text der Mail angegeben sein.

**2** **a.** Lies die folgende E-Mail.
**b.** Prüfe die E-Mail mithilfe der Anforderungen aus Aufgabe 1.
- Streiche Sätze, die nicht in das Anschreiben gehören.
- Markiere Textstellen, die geändert werden müssen.

**c.** Verbessere die markierten Textstellen des E-Mail-Anschreibens. Schreibe den Betreff und den Text der E-Mail dafür in dein Heft.

An: lennart.kraemer@kaufhaus-stegmann.com
Cc:
Betreff: **Will mich bewerben**
Anlage: *pdf* Vivien-Reger-Bewerbung.pdf

Sehr geehrter Herr Krämer,

mit dieser E-Mail möchte ich mich in Ihrem Betrieb als Einzelhandelskauffrau bewerben. Ich bin auf die ausgeschriebene Stelle im Internet unter www.berufsfindung.de aufmerksam geworden. Da ich schon sehr viel Positives über Ihr Unternehmen gehört habe, würde ich gerne eine Ausbildung bei Ihnen beginnen. Meine vollständigen Bewerbungsunterlagen habe ich dieser Mail als PDF-Datei beigefügt. Ich bin 1995 in Momberg geboren und in Treysa zur Schule gegangen. Bitte bestätigen Sie den Erhalt dieser E-Mail.
Meine E-Mail-Adresse lautet: Sternenkriegerin@aol.de

Mit freundlichen Grüßen
Vivien Reger

**3** Was sollte Vivien Reger noch tun, bevor sie Bewerbungen per E-Mail verschickt? Schreibe einen Ratschlag für sie in dein Heft.

**4** Schreibe ein eigenes Anschreiben für eine Bewerbung per E-Mail. Beziehe dich dabei auf deinen Ausbildungswunsch und deine eigenen Daten.
**Tipp:** Du kannst auch mit dem Computer arbeiten.

# Ein Bewerbungsschreiben überarbeiten

**1** **a.** Überprüfe das Bewerbungsschreiben mithilfe der Checkliste unten. Notiere deine Anmerkungen am Rand.

**b.** Überarbeite das Bewerbungsschreiben. Schreibe in dein Heft.
**Tipp:** Du kannst auch mit dem Computer arbeiten.

An das
Bankhaus Meyer-Höhnstein
Herrn Baumann
Hofgasse 25
35043 Arnstein

Thomas Meier
Kirchstr. 28
35134 Baumhausen

Baumhausen, 03. 12. 2012

**Betrifft Bew. zum Bankkaufm.**

Sehr geehrte Herren und Damen,

mein Name ist Thomas Meier und ich gehe in die 10. Realschulklasse der Martin-Luther-Schule in Baumhausen. Diese werde ich voraussichtlich mit dem Realschulabschluss im Sommer 2013 abschließen.

Danach würde ich gerne eine Ausbildung zum Bankkaufmann beginnen. Aus diesem Grund möchte ich mich in Ihrem Bankhaus bewerben. Ich habe im Laufe meines Lebens zwei Praktika in verschiedenen Bankhäusern absolviert. Dabei habe ich verschiedene Tätigkeiten des Bankkaufmanns kennen gelernt. Ich habe gute Sprachkenntnisse in Englisch und Deutsch und bin außerdem fast ein richtiger Computerfreak. Speziell mit den üblichen Betriebssystemen und Programmen kann ich gut arbeiten. In meiner Freizeit treibe ich viel Sport und lese gern.

Ich würde mich über eine Einladung zum Bewerbungsgespräch freuen und verbleibe

mit freundlichen Grüßen

Ihr *Thomas Meier*

| Checkliste: Ein Bewerbungsschreiben verfassen | ja | nein |
| --- | --- | --- |
| Habe ich die **Adressen** vollständig und richtig geschrieben? | ☐ | ☐ |
| Habe ich meine **Telefonnummer** und das **Datum** angegeben? | ☐ | ☐ |
| Habe ich im **Betreff** mein **Anliegen** kurz genannt? | ☐ | ☐ |
| Habe ich eine geeignete **Anrede** und **Grußformel** verwendet? | ☐ | ☐ |
| Habe ich im Hauptteil Angaben zu **Person**, **Schule**, **Klasse**, **Schulabschluss** und **Praktika** im Ausbildungsberuf gemacht? | ☐ | ☐ |
| Habe ich **Berufswunsch** und Wahl des **Ausbildungsbetriebs begründet**? | ☐ | ☐ |
| Habe ich geschrieben, **woher** ich von dem Ausbildungsplatz weiß? | ☐ | ☐ |
| Habe ich meine **Fähigkeiten** und **Stärken** glaubwürdig genannt? | ☐ | ☐ |
| Habe ich **gut formuliert** und **Umgangssprache vermieden**? | ☐ | ☐ |
| Habe ich auf eine **ansprechende äußere Form** geachtet? | ☐ | ☐ |
| Habe ich den Brief **unterschrieben** und **Anlagen** aufgeführt? | ☐ | ☐ |

# Für Einstellungstests üben

**Viele Betriebe begnügen sich nicht mit den Zeugnissen der Bewerber, sondern überprüfen selbst das Grundwissen in schriftlichen Prüfungen. Oft werden Rechtschreibkenntnisse überprüft und Wissensfragen gestellt.**

**1** Suche aus folgenden Wörtern die richtige Schreibweise heraus.
Kreuze die richtig geschriebenen Wörter an.

| | | | |
|---|---|---|---|
| ☐ Bushaltestelle | ☐ anschließent | ☐ Fernseen | ☐ turchlesen |
| ☐ Busshaltestelle | ☐ anschliessend | ☐ Fehrnsehen | ☐ durschlesen |
| ☐ Bushaldestelle | ☐ anschlißend | ☐ Fernsehen | ☐ durchleesen |
| ☐ Bushaltestele | ☐ anschließend | ☐ Fehnsehen | ☐ durchlesen |

**2** Setze in den Lückentext passende Wörter vom Rand ein.

Smartboard, Materialien, Internetanschluss, Schreibheft, Wandtafel

Im Schulunterricht werden nicht nur traditionelle

______________ wie Schulbücher oder die gute alte

______________, sondern auch neue Medien eingesetzt.

Zu diesen neuen Medien gehören zum Beispiel der Computer mit

______________ und das ______________.

Allerdings bleiben das Schulbuch und das ______________

die wichtigsten Hilfsmittel in der Schule.

**3** **a.** Sind die Wörter richtig oder falsch geschrieben? Kreuze an.
**b.** Schreibe die falsch geschriebenen Wörter richtig auf die Linien.

| | falsch | richtig |
|---|---|---|
| Lastwagen | ☐ | ☐ |
| Vortbildung | ☐ | ☐ |
| Ausbildungsverdrag | ☐ | ☐ |
| Bewerbungsschreiben | ☐ | ☐ |
| Zeugnis | ☐ | ☐ |
| Diktad | ☐ | ☐ |

______________

______________

______________

**4** Beantworte die folgenden Fragen zum Allgemeinwissen.

a) Wer ernennt in der Bundesrepublik die Bundesminister?

______________

b) Wo haben die Vereinten Nationen (UN) ihren Sitz?

______________

c) Wie nennt man den Preis für ver- oder entliehenes Geld?

______________

d) Welches Meer liegt zwischen Europa und Afrika?

______________

e) Wie heißt die Hauptstadt von Baden-Württemberg?

______________

f) Welche neun Nachbarstaaten umgeben Deutschland?

______________

______________

# Einen Vertragstext verstehen

Du willst ein eigenes Girokonto eröffnen. Dafür musst du das Vertragsformular der Bank lesen und ausfüllen.

## Vertrag Privatgirokonto

Bankhaus Wallander
Kontogasse 19
54321 Kreditberg
Ust-IDNr. DE123456789

**Personennummer:**

**Bankleitzahl:** 87654321

**Kontonummer:**

**Girokontoinhaber**
(Angaben zur Person und Anschrift):

**Geburtsdatum/Geburtsort:**

**Beruf/Branche/berufliche Stellung:**

☐ nicht selbstständig ☐ selbstständig

Staatsangehörigkeit:

Aufenthalt bei Gebietsfremden:

**Gesetzlicher Vertreter des Kontoinhabers**
(bei Geschäftsunfähigen und beschränkt Geschäftsfähigen mit angeben):

**Folgende Vereinbarungen werden zwischen dem Bankhaus Wallander und der Kontoinhaberin/dem Kontoinhaber/den Kontoinhabern getroffen:**

**1. Laufzeiten und Kündigung**
Der Kontoinhaber kann den Girovertrag ohne Einhaltung einer bestimmten Frist zum Ende eines jeweiligen Kalendermonats kündigen. Das Bankhaus hat eine Kündigungsfrist von drei Monaten. Das Recht zur fristlosen Kündigung aus wichtigem Grund bleibt bestehen.

**2. Kontovollmacht**
Der Kontoinhaber und die in dem Vertrag genannten bevollmächtigten Personen sind befugt, über das Kontoguthaben und einen von der Bank eingeräumten Kreditrahmen zu verfügen. Bei einer entsprechenden Duldung durch das Bankhaus können sie das Konto darüber hinaus durch eine geduldete Kontoüberziehung in Anspruch nehmen. Allerdings muss diese in einem der Kontoverbindung angemessenen Rahmen bleiben. Die Vollmacht schließt das Recht ein, für die Kontoinhaber Kontoauszüge, Kontoabrechnungen und sonstige Schriftstücke, das Konto betreffend, entgegenzunehmen, zu prüfen und anzuerkennen.
Bei mehreren Kontoinhabern kann eine Vollmacht nur von allen Kontoinhabern gemeinschaftlich erteilt werden.
Die Vollmacht kann von allen Kontoinhabern jederzeit bei der Bank schriftlich widerrufen werden.

**3. Geduldete Überziehung des Girokontos und deren Folgen**
Sofern das Konto über eine eingeräumte Kreditsumme hinaus oder ohne eine Kreditvereinbarung in Anspruch genommen wird und die Bank diese Überziehung duldet (geduldete Überziehung), wird für den Betrag der geduldeten Überziehung ein veränderlicher Sollzinssatz in Rechnung gestellt. Die Höhe dieses Sollzinssatzes beträgt zurzeit 18,10 % pro Jahr.
Die Bank wird den veränderlichen Sollzinssatz entsprechend den Änderungen des Zinssatzes EONIA anpassen.
Kontoinhaber werden zum Rechnungsabschluss per Kontoauszug über den Sollzinssatz informiert.

**4. Übermittlung von Daten an die Schufa**
Der Kontoinhaber willigt ein, dass das Bankhaus Wallander der Schufa Holding AG, Kormoranweg 5, 65201 Wiesbaden, Daten über die Beantragung, die Durchführung und die Beendigung der Kontoverbindung übermittelt.
Zusätzlich wird das Bankhaus Wallander der Schufa auch Daten über seine gegen den Kontoinhaber bestehenden Forderungen übermitteln. Nach dem Bundesdatenschutzgesetz (§ 28 a Absatz 1 Satz 1) ist dies erlaubt, wenn die geschuldete Leistung trotz Fälligkeit nicht erbracht wird. Weitere Fälle, in denen die Übermittlung von Daten an die Schufa erlaubt ist, können den **allgemeinen Geschäftsbedingungen** entnommen werden.
Zusätzlich darf das Bankhaus Wallander Daten über Konten- oder Kreditkartenmissbrauch sowie betrügerisches Verhalten an die Schufa übermitteln.
Der Kontoinhaber befreit das Bankhaus Wallander vom Bankgeheimnis.
Die Schufa speichert die Daten und nutzt diese zur Errechnung eines Wahrscheinlichkeitswertes auf Grundlage des Schufa-Datenbestandes zur Beurteilung des Kreditrisikos.

**5. Gesetzliche Mitwirkungspflicht des Kontoinhabers**
Der Kontoinhaber ist verpflichtet, im Laufe der Geschäftsbeziehung sich ergebende Änderungen der angegebenen Daten unverzüglich mitzuteilen.

**6. Kontoauszüge/Rechnungsabschlüsse** zum Girokonto (Vertragsgegenstand) sollen wie folgt übermittelt werden:

☐ **Abholung:** ☐ Kontoausdrucker ☐ Briefschließfach ☐ Geschäftsstelle

☐ **Versand per Post**

☐ **Versand der Kontoauszüge:** ☐ täglich ☐ wöchentlich ☐ 14- täglich ☐ monatlich

☐ Die Kontoauszüge sollen abweichend von der Anschrift des/der Kontoinhaber/-s/-in wie folgt versendet werden:

Name und Anschrift ____________________

☐ **elektronisch im Onlinebanking** ☐ **elektronisches Postfach**

**Rechnungsabschlüsse** werden durch das Bankhaus Wallander erteilt.

Das Bankhaus Wallander unterrichtet den/die Kontoinhaber/-in monatlich mindestens einmal über die Ausführung von Zahlungsvorgängen auf dem für die Kontoauszüge vereinbarten Weg.

**7. Gerichtsstand**
Soweit sich die Zuständigkeit des allgemeinen Gerichtsstandes des Bankhauses Wallander nicht bereits aus § 29 ZPO ergibt, kann das Bankhaus seine Ansprüche an seinem allgemeinen Gerichtsstand verfolgen, wenn der den Klageweg in Anspruch nehmende Kontoinhaber Kaufmann oder eine juristische Person im Sinne der Nr. 6 der allgemeinen Geschäftsbedingungen des Bankhauses ist oder bei Vertragsabschluss keinen allgemeinen Gerichtsstand im Inland hat oder später seinen Wohnsitz oder gewöhnlichen Aufenthaltsort aus der Bundesrepublik Deutschland verlegt oder sein Wohnsitz oder gewöhnlicher Aufenthalt zum Zeitpunkt der Anklage nicht bekannt ist.

**8. Allgemeine Geschäftsbedingungen**
Die derzeit geltenden allgemeinen Geschäftsbedingungen des Bankhauses Wallander sind Bestandteil dieses Vertrages und aller sich daraus ergebenden Geschäftsverbindungen. Für einzelne Geschäftsbeziehungen gelten besondere Bedingungen, zum Beispiel für den Überweisungsverkehr, für das Lastschriftverfahren, für die Kundenkarte oder für Wertpapiergeschäfte.
**Die allgemeinen Geschäftsbedingungen können im Bankhaus eingesehen werden und werden auf Wunsch zur Verfügung gestellt.**

**9. Widerspruch gegen Werbung**
Der/die Kontoinhaber/-in kann bzw. können jederzeit der Verwendung seiner/ihrer Daten zu Werbezwecken widersprechen.

**10. Angaben zum wirtschaftlich Berechtigten (§ 3 Abs. 1 Nr. 3 GwG [1])**
Der/die Kontoinhaber/-in handelt bzw. handeln im eigenen wirtschaftlichen Interesse und nicht auf fremde Veranlassung (insbesondere eines Treugebers):

☐ **Ja** ☐ **Nein**
Wirtschaftlich Berechtigter: Der/die Kontoinhaber/-in handelt bzw. handeln auf Veranlassung und im wirtschaftlichen Interesse der nachfolgend aufgeführten natürlichen Person:

| **Name und Vorname(n), Anschrift** | |
| --- | --- |
| **Ort, Datum** | **Unterschrift** |

1 GwG: Gesetz über das Aufspüren von Gewinnen aus schweren Straftaten

**1** **a.** Lies den oberen Abschnitt des Formulars auf Seite 77.
**b.** Beantworte die Fragen in Stichworten. Du kannst ein Lexikon verwenden.

a) Was ist ein Privatgirokonto? ____________________

b) Was bedeutet „nicht selbstständig" und „selbstständig"? ____________________

____________________

c) Wer ist dein gesetzlicher Vertreter? ____________________

____________________

**2** Fülle den oberen Abschnitt des Vertrages auf Seite 77 aus.

**3** **a.** Lies den Abschnitt 1 „Laufzeiten und Kündigung“ auf Seite 77.
**b.** Beantworte die Fragen in Stichworten.

a) Wie schnell kannst du das Konto bei dem Bankhaus kündigen? ____________

______________________________________________

b) Wie schnell kann das Bankhaus dein Konto normalerweise kündigen?

______________________________________________

c) Unter welchen Bedingungen kann die Bank das Konto kurzfristig kündigen?

______________________________________________

d) Erkläre den Begriff „fristlose Kündigung“. ____________________

______________________________________________

**4** **a.** Lies Abschnitt 2 „Kontovollmacht“.
**b.** Erkläre die folgenden Begriffe.

Kontovollmacht: ______________________________

geduldete Kontoüberziehung: ____________________

Kreditrahmen: ______________________________

Kontoguthaben: ______________________________

**5** **a.** Lies Abschnitt 3 „Geduldete Überziehung des Girokontos und deren Folgen“.
**b.** Verbinde die Erklärungen mit den richtigen Begriffen vom Rand.

| | |
|---|---|
| Geldsumme, die oberhalb des vertraglich vereinbarten Kontolimits liegt | die Kreditsumme |
| Termin, an dem die Kosten für das Girokonto fällig werden | der Sollzinssatz |
| bestimmte Geldsumme, die die Bank den Kunden leiht | der Rechnungsabschluss |
| Zinsen, die berechnet werden, wenn das Konto überzogen wird | die Überziehung |

**6** **a.** Lies Abschnitt 4 „Übermittlung von Daten an die Schufa“.
**b.** Worum handelt es sich bei der Schufa? Du kannst ein Lexikon verwenden. Beschreibe die Institution Schufa in eigenen Worten.

______________________________________________

______________________________________________

______________________________________________

**7** Was müssen Kunden angeben, wenn sie unter Abschnitt 10 „Nein“ ankreuzen?

______________________________________________

______________________________________________

**8** **a.** Fülle den Vertrag vollständig aus.
**b.** Hast du Fragen zu dem Vertrag, die du nicht selbst beantworten kannst? Schreibe diese Fragen in dein Heft.

# Rechtschreiben, Zeichensetzung

## Wiederholung: Großschreibung

Großschreibung
➤ S. 92

**1** Ordne die hervorgehobenen Großschreibungsfälle in eine Tabelle im Heft.

### Windkraftwerke lernen schwimmen

Je tiefer das Wasser, desto stärker der Wind darüber, das weiß man schon lange. Auf einer schwimmenden Plattform riesige Windräder installieren? Gute Idee, aber **das Umsetzen** solcher Einfälle ist selten leicht zu realisieren. Einen Koloss von mehr als 20 000 Tonnen will ein norwegisches Unternehmen zu Wasser lassen. Darauf sollen mehr als 30 Windräder platziert werden. **Beim Planen** war den Ingenieuren klar, dass **viel Neues** erfunden werden musste, damit die technische Herausforderung bewältigt wird. **Ihr Erfinden** könnte aber die Energieprobleme der Zukunft lösen. Allein in Europa ließen sich auf diese Weise pro Jahr etwa 8 000 Terrawattstunden produzieren. Zum Vergleich: Der jährliche Stromverbrauch in der EU betrug 2010 ca. 3 500 Terrawattstunden.

Starthilfe

| Großschreibung durch: | | | |
|---|---|---|---|
| **Artikel** | **Präpositionen** | **unbestimmte Zahlwörter** | **Possessivpronomen** |
| das Umsetzen, | | | |
| … | … | | |

**2** **a.** Ordne die folgenden Nominalisierungen in die Tabelle aus Aufgabe 1 ein.
**b.** Schreibe mit jeweils einer Nominalisierung pro Spalte einen Satz in dein Heft.

etwas Schönes, durch Lesen, beim Laufen, kaum Richtiges, viel Böses, unser Üben, ein Flüstern, das Sparen, dein Weglaufen, zum Schreien, das Gehen, ihr Singen, im Liegen, wenig Gutes, am Atmen, mein Reden

Merkwissen

**Großschreibung bei Eigennamen**
Bei **mehrteiligen Eigennamen** werden alle Wörter außer Artikel, Konjunktionen und Präpositionen großgeschrieben.
**Ableitungen** von geografischen Eigennamen auf **-er** werden immer großgeschrieben, z. B.: der **Tilsiter** Käse.

**3** Schreibe die Eigennamen richtig in dein Heft.

DIE VEREINTEN NATIONEN DER SCHIEFE TURM ZU PISA DER ROTE PLATZ
DIE BERLINER LUFT DAS KAMENER KREUZ
DIE FRANZÖSISCHE REVOLUTION DIE HOLSTEINISCHE SCHWEIZ
DAS SCHWARZE MEER DIE FREIE DEMOKRATISCHE PARTEI
DIE OSTFRIESISCHEN INSELN DER DORTMUNDER RAUM
DER SCHWEIZER KÄSE DAS ALTE RATHAUS DIE GRÜNE WOCHE

# Wiederholung: Zusammen- und Getrenntschreibung

**Merkwissen**

Wortgruppen aus Adjektiv und Verb werden **zusammengeschrieben**, wenn eine neue (übertragene) Bedeutung gemeint ist.

**1** Entscheide in folgenden Sätzen die Zusammen- oder Getrenntschreibung.

Der Richter wird den Angeklagten wegen erwiesener Unschuld frei/sprechen.

______________________________

Als Lehrperson muss man im Unterricht frei/sprechen können.

______________________________

Durch dummes Gerede kann man seinen besten Freund schlecht/machen.

______________________________

Kevin sollte seine Hausaufgaben nicht immer so schlecht/machen.

______________________________

Nach dem Unterricht sollte man die Klassentür nicht offen/lassen.

______________________________

Die Antwort auf deine Frage muss ich leider noch offen/lassen.

______________________________

**2** Schreibe mit jeder Wortgruppe zwei eigene Sätze in dein Heft.
Verwende einmal die übertragene und einmal die direkte Bedeutung.

richtig stellen   schön reden   schief gehen

**Merkwissen**

Verbindungen aus **Nomen + Verb** werden in der Regel getrennt geschrieben.
Aber: Durch die starken Wörter **das, beim, zum** und **vom** entstehen zusammengesetzte Nomen.

**3** Ergänze die Sätze mit den Wortgruppen vom Rand.
Entscheide dabei die Zusammen- oder Getrenntschreibung.

Als Spieler sollte man Anweisungen des Trainers ______________.

Die Verletzungsgefahr beim ______________ ist nicht sehr groß.

An der Kasse bin ich vom ______________ total genervt.

Das ______________ im Winter macht den Schülern großen Spaß.

Folge/leisten
Fußball/spielen
Schlange/stehen
Schlittschuh/laufen

**4** Bilde mit Verbindungen aus Nomen und Verb je zwei Sätze, einmal mit Zusammen- und einmal mit Getrenntschreibung. Schreibe in dein Heft.

Ski/laufen, Kaffee/trinken, Gitarre/spielen, Diät/halten, Fahrrad/fahren

# Fremdwörter

**1** a. Schreibe die hervorgehobenen Fremdwörter in eine Tabelle im Heft. Schreibe Nomen mit Artikeln und Verben im Infinitiv auf.
b. Ergänze in der zweiten Spalte die Bedeutung mit deutschen Wörtern. **Tipp:** Nutze ein Wörterbuch und ein Lexikon.
c. Ergänze in der dritten Spalte die Wortart.

## Das Business mit der Schönheit

Das Geschäft mit dem Aussehen **floriert**. Die Leute **investieren** zunehmend mehr Geld in **Kosmetik**, derzeit sind es in Deutschland etwa 150,- Euro pro Person im Jahr. Offensichtlich **rentiert sich** die **Produktion** von Mitteln, die die **Illusion** aufrechterhalten, eine gute „**Optik**" könne auf chemischem Wege gefördert und der Alterungsprozess verlangsamt werden. Neuerdings gerät auch die Zielgruppe der Männer **permanent** unter den Beschuss des **Marketings** dieser **Branche**. Dabei **dominieren** Angriffe auf ausgerechnet jene **Domänen** unverfälschter Männlichkeit, die einstmals garantiert frei waren von Aloe Vera und ihren duftigen Verwandten. Kaum **transpiriert** der **aktive** Mann in der Werbung beim **Dribbeln** mit dem Ball oder beim Bankdrücken, so sprüht er sich umgehend schuld- und schweißbewusst den **aktuellen** Geruchskiller mit dem **coolen Kick** unter die Achseln.
Ungefähr 25 Minuten benötigt jeder Bundesbürger im Durchschnitt morgens für sein **Styling**. Dabei verbraucht er nicht nur eine Menge Wasser, Seife und Creme, auch Lippenstift, **Eyeliner**, **Aftershave**, **Deodorant** und **Parfüm** kommen für den angestrebten **Look** zum Einsatz.
Faltenfrei und jugendlich lautet die **Devise**. Sie beschert uns Abertausende von Töpfchen und Tiegelchen, in denen häufig – mit einer **Emulsion** aus Öl und Wasser verrührt – gemahlene Bestandteile seltener Pflanzen und Tiere aus den **eklatant** schrumpfenden Regenwäldern unserer Haut schmeicheln wollen. Die Hersteller der **diversen Anti-Aging-Produkte profitieren** gut von ihren leeren Versprechungen. Wenn dann beim morgendlichen Blick in den Spiegel allzu offensichtlich wird, dass all die Produkte keinerlei Nutzen hatten, werden Falten an Po, Bauch und im Gesicht mit **chirurgischen** Mitteln gestrafft.
Teuer, **riskant**, und nur auf den ersten Blick wirkungsvoll, denn die Narben werden später doch sichtbar – alles nach dem **Motto** „Schönheit um jeden Preis".

**Starthilfe**

| Fremdwort | Bedeutung | Wortart |
|---|---|---|
| das Business | das Geschäft | Nomen |
| florieren | ... | |
| ... | | |

**2** Schreibe zu den Erklärungen passende Fremdwörter aus dem Text auf.

sich günstig entwickeln: *florieren*

die Körper- und Schönheitspflege: ____________

Wahl-, Leitspruch: ____________, ____________

Waren, die das Altern hemmen sollen: ____________

ein Mittel, das unangenehmen Geruch verhindern soll: ____________

**3** **a.** Ordne Wörter mit den folgenden Endungen aus dem Text in die Tabelle ein. Verwende dabei die Grundformen (z. B. Infinitiv oder Nominativ).
**b.** Ordne auch die Fremdwörter vom Rand in die Tabelle ein.

| Endung | Beispiele |
|---|---|
| -ieren | *florieren,* ___ |
| -(t)ion | |
| -ik | |
| -ent | |
| -ing | |
| -iv | |
| -mus | |

die Klassik, der Realismus, die Ethik, das Timing, die Physik, analysieren, die Operation, experimentieren, das Archiv, servieren, probieren, der Expressionismus, die Innovation, negativ, passiv, das Meeting, das Element, trainieren, eloquent, der Naturalismus

**4** Einige Fremdwörter werden mit **ph** und **th** geschrieben. Schreibe mit den Fremdwörtern mit **ph** und **th** jeweils einen Satz in dein Heft. Verwende ein Wörterbuch oder Lexikon, wenn du ein Wort nicht kennst.

das Phänomen, die Phase, die Philharmoniker, die Philosophie, der Phosphor, das Theater, die Theke, das Thema, die Theologie, die Theorie, die Therapie, das Thermalbad, die Thermik, die These

**5** **a.** Ergänze passende Fremdwörter aus der Informatik.
**b.** Schreibe weitere Fremdwörter aus dem Bereich Informatik in dein Heft.

Rechner: ___ Netzauftritt: ___

Startseite: ___ Netzadresse: ___

herunterladen: ___

**6** Ergänze im Text passende Fremdwörter vom Rand.

## Das Web der Zukunft ist eine Wolke

Im *Internet* wird die nächste ___ der Computerbranche eingeläutet: ___ heißt die Zukunft. Der Grundgedanke beim Cloud Computing ist, dass alle Anwendungen im ___ laufen – von einfacher ___ bis hin zu kompletten Betriebssystemen. Der ___ muss sich keine teure ___ anschaffen, sich nicht regelmäßig Gedanken um die ___ des ___ machen und auch keine Software mehr kaufen. So angesagt Cloud Computing auch ist, problematisch dürfte bei dieser ___ der Schutz persönlicher Daten werden.

~~Internet,~~ Software, Revolution, Aktualisierung, Technik, Cloud Computing, User, System, Hardware, Web

# Wiederholung: Kommasetzung

Merkwissen

**1. Grundregel: Komma in Aufzählungen**
Man kann **Wörter**, **Satzteile** oder **ganze Sätze** aufzählen. Die Teile einer Aufzählung, die nicht durch **und**, **oder** bzw. **sowie** verbunden sind, werden durch **Kommas** abgetrennt.

**1** Setze in den Aufzählungen die fehlenden Kommas.

Für das Sportfest brauche ich Trainingsanzug Leibchen Turnhose und Schuhe.
In der Jugendherberge gab es um 07:00 Uhr Frühstück um 12:30 Uhr Mittagessen und um 18:00 Uhr Abendessen.
An meinem Geburtstag besuchen wir den Kletterpark machen Pause im Eiscafé gehen danach ins Kino oder schauen uns zu Hause einen spannenden Film an.
Ich esse gern Salate mit Radieschen mit Käse überbackene Ofengerichte Bratwürste in allen Variationen und Eis mit Früchten und Schokoladensoße.
In der Werkstatt werden an unserem Wohnmobil neben den Bremsen dem Ölstand und den Reifen auch der Kühlschrank der Gasherd und die Standheizung überprüft.
Er kam müde nach Hause zog seine Arbeitskleidung aus wusch sich legte sich auf das Sofa und las die Tageszeitung.
Der Herbst begann mit Sturm Regen Blitz und Donner.

Merkwissen

**2. Grundregel: Komma in Satzgefügen**
In Satzgefügen werden **Nebensätze** vom **Hauptsatz** durch Komma abgetrennt. Nebensätze werden häufig durch eine **Konjunktion** (z. B. **wenn**, **weil**, **dass**, **obwohl** ...) oder durch ein **Relativpronomen** (z. B. **der**, **die**, **das**) eingeleitet.
**Infinitivsätze** sind Nebensätze, die auf einen erweiterten **Infinitiv mit zu** enden. Infinitivsätze beginnen häufig mit **als**, **um**, **ohne**, **außer** und **anstatt**.
Eingeschobene Nebensätze werden durch zwei Kommas abgetrennt.

**2** **a.** Setze in den Satzgefügen die fehlenden Kommas.
**b.** Unterstreiche die Nebensätze einmal und die Hauptsätze zweimal.

Als das Unwetter vorbei war, machten die Leute ihre Regenschirme zu.

Du wirst die Prüfung vielleicht schaffen obwohl du nicht viel gelernt hast.

Marie holte sich eine Flasche Mineralwasser weil sie Durst hatte.

Jan ging nachdem er seine Hausaufgaben erledigt hatte zum Fußballtraining.

Wenn das Fußballspiel beendet ist feiern wir unseren Sieg mit einer Party.

Unser Trainer der früher selbst Torwart war macht den weiten Abschlag vor.

Man sollte niemals außer um einzuparken auf der Straße rückwärtsfahren.

**3** **a.** Schreibe eigene Satzgefüge mit den Wörtern vom Rand in dein Heft. Stelle die Nebensätze jeweils in alle zwei oder drei möglichen Positionen.
**b.** Setze die Kommas, umkreise die Konjunktionen und unterstreiche den Nebensatz.

obwohl, die, um

**Merkwissen**

**3. Grundregel: Zusätze, Einschübe, Nachträge**

**Zusätze**, **Einschübe** und **Nachträge** werden durch Kommas abgetrennt.
**Zusätze:** Au, das tut aber weh!
**Nachträge:** Ich esse gerne Nudeln, besonders Spagetti.
**Einschübe:** Mein Onkel, ein erfolgreicher Geschäftsmann, kommt zu meinem Geburtstag.

**4** a. Markiere die Zusätze, Einschübe und Nachträge und setze die Kommas.
b. Schreibe jeweils zwei eigene Sätze mit Zusätzen, Einschüben und Nachträgen in dein Heft.

Hilfe ich kann nicht mehr!

Ich esse gern Gegrilltes besonders Würstchen mit Senf.

Manfred Mustermann der Sänger begann pünktlich seine Vorstellung.

Frau Freitag unsere Nachbarin mäht im Sommer an jedem Samstag ihren Rasen.

Autsch der Kaffee war noch sehr heiß!

Ivana mag gern spannende Bücher besonders Krimis.

Ach hätte ich doch nur mehr für die Mathearbeit gelernt!

Herr Meier unser Klassenlehrer möchte mit uns eine Klassenfahrt machen.

**5** Setze mithilfe der drei Grundregeln die fehlenden Kommas im Text.

## Der hohe Preis der Energiewende

Der Bergrücken „Hohe Leite“ bei Hasslach/Pottenstein in der Fränkischen Schweiz

Die Hohe Leite zählt zu den markantesten Erhebungen der Fränkischen Schweiz. Von hier oben schweift der Blick weit übers Land. Über ein Mosaik aus Wiesen Feldern Wäldern Dörfern Bächen und bizarren Kalkfelsen. Alles sieht malerisch aus obwohl sich in der Ferne ein paar Windräder drehen. Wenn die Windkraft die Stromlücke füllen soll könnte es bald um viele landschaftliche Schönheiten in Deutschland geschehen sein. Die sanften Höhenzüge der Mittelgebirge scheinen gut geeignet um profitable Windräder aufzustellen. Man weiß dass hier der Wind stark und gleichmäßig weht.

Auf der Egge einem Höhenzug in Ostwestfalen ragen bereits heute viele Windräder in den Himmel. Sie verwandeln die in Jahrhunderten gewachsene Kulturlandschaft in eine verspargelte und verdrahtete Energielandschaft.

Dem Landschaftsschutz der oft als Argument gegen den Bau von Autobahnen oder Gewerbegebieten genutzt wird scheint bei der Windenergie offensichtlich weniger Bedeutung beigemessen zu werden. Und so unglaublich es klingt: Die grüne Revolution wird ihren Teil zum Landschaftsverlust beitragen.

Das ist die Folge des längst überfälligen Verzichts auf den Atomstrom aber die Konsequenzen sind noch nicht allen klar.

Sicher ist nur eins: Der Preis für das Festhalten am konsumistischen Wohlstandsmodell und an unseren Bequemlichkeits- Kommunikations- und Mobilitätsbedürfnissen wird auch mit grüner Energie hoch sein.

# Grammatik

## Wiederholung: Wortarten

Du wiederholst wichtige Wortarten anhand von Beispielen.

**1** a. Ergänze in der ersten Spalte der Tabelle die **Wortarten** vom Rand. Die Beispiele in der zweiten Spalte helfen dir.
b. Ergänze in der zweiten Spalte passende **Beispiele** vom Rand. **Tipp:** Zwei Wörter kannst du zweimal eintragen.
c. Ergänze in der dritten Spalte geeignete **Abkürzungen** für die Wortarten.

| Wortart | Beispiele | Abkürzung |
|---|---|---|
| ______ | *die Schule,* ______ | ______ |
| ______ | *kommen,* ______ | ______ |
| Pronomen | Personalpronomen: *wir,* ______ | ______ |
| | Possessivpronomen: *sein,* ______ | |
| | Demonstrativpronomen: *dieser,* ______ | |
| | Interrogativpronomen: *wer,* ______ | |
| | Relativpronomen: *den,* ______ | |
| ______ | *klein,* ______ | ______ |
| ______ | *auf,* ______ | ______ |
| Konjunktion | nebenordnend: *und,* ______ | ______ |
| | unterordnend: *weil,* ______ | |
| ______ | *heute,* ______ | ______ |
| ______ | bestimmt: *der,* ______ | ______ |
| | unbestimmt: *ein,* ______ | |

Wortarten:
Präposition, Verb, Adjektiv, Adverb, Nomen, Artikel

Beispiele:
eine, unter, sehen, das Fach, welche, dort, dass, in, warum, lustig, das, aber, die Freiheit, jenes, unser, ich, sein, oder, über, nachdem, gestern, euer, er, ihr, sagen, die, können

Abkürzungen:
Adj.
Adv.
Konj.
Art.
Präp.
Pron.
ohne Abkürzung:
Nomen
Verb

**2** Notiere über jedem Wort die Wortart.
Verwende dafür die Abkürzungen aus der Tabelle.

Wortarten ➤ S. 94

*Adj.* *Nomen* *Präp.* *Nomen*
**Kleine Stadtgeschichten aus Berlin: Der Schwächeanfall**

Es ist Sprechstunde beim Hausarzt in Schöneberg. Ein 16-jähriger Patient betritt

in Begleitung seiner Mutter das Sprechzimmer und fläzt sich in den Stuhl.

Warum er komme, möchte der Doktor wissen. Die entwaffnende Antwort

des Halbwüchsigen lautet: „Allgemeine Bocklosigkeit."

# Wiederholung: Satzglieder

**1** **a.** Führe mit diesem Satz die Umstellprobe durch. Schreibe drei Sätze auf.

Morgen Abend besucht mich mein Freund.

*Mein Freund* ______________________________

______________________________

______________________________

**b.** Wozu dient die Umstellprobe? Schreibe eine Erklärung in einem Satz auf.

______________________________

______________________________

**2** Ordne den Satzgliedern in der Tabelle die Fragen vom Rand zu.

| Satzglied | Fragen | Abkürzung |
|---|---|---|
| Prädikat | *Was tut ...?* | Präd. |
| Subjekt | | Subj. |
| Akkusativobjekt | | Akk.-Obj. |
| Dativobjekt | | Dat.-Obj. |
| Präpositionalobjekt | | Präp.-Obj. |
| Attribut | | Attr. |
| Adverbiale Bestimmungen ... | | AdvB |
| ... des Ortes | | AdvB/O |
| ... der Zeit | | AdvB/Z |
| ... der Art und Weise | | AdvB/AW |
| ... des Grundes | | AdvB/G |

Fragen:
~~Was tut?~~
Wo?, Woher?, Wohin?
Wer oder was?
Wann?, Wie lange?, Seit wann?
Warum?, Weshalb?
Wem?
Worauf?, Womit?, Wonach?
Wen oder was?
Welche?, Welcher?
Wie?

**3** **a.** Rahme alle Satzglieder ein. Markiere Attribute zusätzlich.
**b.** Bestimme die Satzglieder. Verwende die Abkürzungen aus der Tabelle.

Satzglieder ➤ S. 95

**Kleine Stadtgeschichten aus Berlin: Knecht Ruprecht**

*AdvB/Z* *Präd.* *Subj.* *Attr.* *Attr.*

Am Mittwochmorgen | will | eine größere Gruppe | süddeutscher Jugendlicher

*AdvB/O*

am Bahnhof | in die S-Bahn einsteigen. Sie möchten zusammenbleiben. Deshalb

steuern alle dieselbe Tür an. Über Lautsprecher ertönt der Rat des Fahrers:

„Das ist hier doch kein Adventskalender. Man kann ruhig alle Türen aufmachen."

# **Wiederholung:** Zeitformen der Verben

**1** **a.** Schreibe die Sätze in der jeweils angegebenen Zeitform auf.
**b.** Markiere die Verbformen.

Verben ➤ S. 94

**Präsens:** Piotr kauft ein. Milena geht nach Hause.

**Perfekt:** Piotr hat eingekauft. Milena ist nach Hause gegangen.

**Präteritum:** ______________________

**Plusquamperfekt:** ______________________

**Futur I:** ______________________

**Futur II:** Piotr wird eingekauft haben.

**2** Ergänze die Verben aus den Klammern jeweils in der passenden Zeitform. Verwende die Zeitformen Präsens, Präteritum, Perfekt, Plusquamperfekt und Futur I.

### Wer erfand (erfinden, Prät.) die Pizza Margherita?

Die „Margherita“ __________ (gehören) zu den beliebtesten Pizzen. Aber wie ______ (kommen) sie zu ihrem Namen __________? Der König von Italien __________ (wollen) eines Tages Pizza probieren. Am 11. Juni 1889 __________ (lassen) er und seine Frau sich von dem Pizzabäcker Raffaele Esposito verschiedene Pizzen in ihren Palast schicken. Eine Sorte __________ (sein) mit Basilikum, Mozzarella und Tomate belegt: Grün, Weiß, Rot – wie die italienische Flagge. Diese Pizza __________ (schmecken) der Königin am besten. Also __________ (taufen) der clevere Esposito die Pizza auf den Namen der Königin: Margherita!

Die Grundidee der Pizza __________ (sein) natürlich schon viel älter. Schon die Etrusker, die vor etwa 2 500 Jahren in Norditalien __________ (leben), __________ (backen) Teigfladen, um sie danach zu belegen. Auf diese Weise __________ (erfinden) sie die ersten essbaren Teller __________. Die Griechen __________ (belegen) später ihre Teigfladen nicht erst nach, sondern schon vor dem Backen. Damit __________ (entwickeln) sie die Ur-Pizza __________. Pizza __________ (bleiben) lange Zeit ein Armeleuteessen, denn die Zutaten __________ (sein) billig und der Teig schnell hergestellt. 1830 __________ (eröffnen) die erste Pizzeria der Welt in Neapel und bald __________ (folgen) weitere. Die „Margherita“ __________ (geben) es wohl auch in Zukunft immer __________.

Pizzeria Port'Alba in Neapel – die älteste Pizzeria der Welt

# Wiederholung: Indirekte Rede – Konjunktiv I, II und Ersatzform

**1** Ergänze in der indirekten Rede passende Verben aus den Klammern im **Konjunktiv I (K I)**, **Konjunktiv II (K II)** oder mit **würde**.

Indirekte Rede mit Konjunktiv I, Konjunktiv II oder der Ersatzform mit würde ➤ **S. 95**

### Kitzeln ist nicht nur lustig – Teil 1

Frau Biesgen erklärte gestern, warum wir kitzelig sind. Sie sagte, es _sei_ (sein, K I) wichtig für unser Überleben. Eine Berührung __________ (können, K I) auch immer eine Gefahr sein. Zum Beispiel __________ (lösen, K I) ein Insekt auf unserer Haut sofort Alarm aus. Möglicherweise __________ (stechen, K I) es ja. Die Hand __________ (werden, K I) in Bewegung gesetzt und __________ (verscheuchen, K I) die Mücke. Ähnlich __________ (sein, K I) es beim Kitzeln, erklärte Frau Biesgen. Man __________ (wollen, K I) etwas abwehren, doch plötzlich __________ (merken, K I) man, dass es gar nicht gefährlich ________ (sein, K I). Wenn man das __________ (begreifen, K I), __________ (entladen, K I) sich die Spannung im Körper durch ein Kichern. Dann fügte sie noch hinzu, dass wir uns nicht selbst kitzeln __________ (können, K II), weil unsere Gehirne genau __________ (wissen, K II), dass keine echten Gefahren __________ (lauern, K II). Denn unsere Gehirne __________ (geben, würde) ja selbst den Kitzelbefehl __________.

**2** Wann wird in der indirekten Rede der **Konjunktiv II** als Ersatzform verwendet?

______________________________________________

______________________________________________

**3** Wann wird in der indirekten Rede die Ersatzform mit **würde** verwendet?

______________________________________________

______________________________________________

**4** **Konjunktiv I**, **Konjunktiv II** oder Ersatzform mit **würde**? Ergänze.

### Kitzeln ist nicht nur lustig – Teil 2

Frau Biesgen führte weiter aus, dass das Kitzeln oft als Spaß angesehen __________ (werden), weil die erste Reaktion oft ein Lachen ________ (sein). Doch Forscher __________ (bestehen) darauf __________, dass der Gesichtsausdruck der Gekitzelten dem von Gequälten __________ (ähneln). Wer gekitzelt __________ (werden), __________ (empfinden) also auch Leid. Sie erklärte, dass man das Kitzeln heute immerhin nicht mehr als Foltermethode __________ (einsetzen) __________ wie noch bei den Römern.

# Wiederholung: Satzgefüge

**1** **a.** Unterstreiche im folgenden Text alle Nebensätze.
**Tipp:** Achte dabei auf die Verbstellung und die Kommas.
**b.** Kreise alle Konjunktionen und Relativpronomen ein.

Konjunktionen, Relativpronomen, ➤ S. 86, 94

## Die Kork-Yogis sind über uns

Die Street-Yogis sind unter uns. Wer aber mit hängendem Kopf durchs Leben geht, wird sie nicht sehen, obwohl vielleicht gerade ihm ihre Gesellschaft guttäte. Denn genau genommen sind die Street-Yogis über uns: Sie turnen auf Berliner Straßenschildern herum, sofern die Launen der Natur oder eines Mitmenschen sie nicht herunterholen.

Rund 350 der Figuren hat ihr Schöpfer, der Yogalehrer Josef Foos, gebastelt, seit ihn 2009 eine Geschichte im „Tagesspiegel" über den Londoner Künstler Slinkachu auf die Idee brachte. Die ältesten hätten, wie Foos berichtet, schon zwei Winter überlebt. Und das haben sie geschafft, obwohl sie in den Straßen von Neukölln turnen. Zum Erfolgsrezept der kleinen Kerlchen gehört, dass sie genauso nett gemeint sind, wie sie aussehen: „Wenn sich Ihnen ein Street-Yogi zeigt, möchte er Ihnen Freude und Glück bringen", schreibt Foos auf seiner Homepage www.street-yoga.de. Die Yogis sind „Street Art" und dabei in ihrer charmanten Bescheidenheit quasi das Gegenteil von Graffiti.

**2** Bilde Satzgefüge, indem du die Sätze mit den angegebenen Konjunktionen oder Relativpronomen verbindest.
**Tipp:** Der Nebensatz kann vor, hinter oder zwischen dem Hauptsatz stehen.

Satzgefüge ➤ S. 93

Die Herstellung ist nicht ganz einfach. Foos muss seinen Schützlingen für die Yogaübungen Knie- und Ellbogengelenke basteln. **(weil)**

An solchen Figuren sitzt Foos länger als die sonst übliche Stunde. Solche Figuren erfordern die sorgsame Verleimung und Stabilisierung mit Tape. **(die)**

Yogastellung „Virabhadrasana II" (der Krieger II)

Aber „man muss ja mit irgendwas seine Zeit totschlagen“, sagt der 55-Jährige. Der 55-Jährige lebt nach eigenem Bekunden ohne Fernseher und gänzlich alkoholfrei. (der)

Yogastellung „Vrksasana“
(der Baum)

Abends bietet er Yogakurse und Akupressurbehandlungen an. Er bastelt seine Yogis und stellt sie in der Stadt auf. (bevor)

**3** **a.** Ergänze im Text passende Konjunktionen oder Relativpronomen vom Rand.
**b.** Setze die fehlenden Kommas.
**Tipp:** Die Kommas stehen nicht immer vor dem eingesetzten Wort.

damit (2 x), dass, die, um, während, weil, wenn, wo

## Der Aufstieg der Kork-Yogis

Tagsüber in der Masse sei man unauffälliger als nachts ___ man allein durch die Straßen ziehe, sagt er. Früher habe er Sekundenkleber verwendet, aber ___ der wirklich hielt, musste Foos immer zweimal hochsteigen. Jetzt reicht eine Klettertour ___ die Figur perfekt sitzt. ___ die Lebenserwartung der Yogis zu erhöhen, klebt er sie auf möglichst hohe Straßenschilder. Als Basisstation dient ihm sein Fahrrad; seine weitere Klettertechnik verrät er nicht. Sie scheint kraftraubend zu sein ___ Foos sagt ___ er früher acht Yogis pro Tag kleben konnte ___ er jetzt nur noch vier schaffe.

Am Anfang habe er die Figuren vor allem in seinem Kiez und in der Nähe anderer Yogastudios platziert, außerdem in Schöneberg ___ er oft unterwegs sei. Allmählich erobern die Korkmännchen weitere Stadtteile und erfreuen all jene ___ erhobenen Hauptes durchs Leben gehen.

Yogastellung „Tadasana“
(die Bergstellung)

Z **4** Welche Klettertechnik könnte der Yogalehrer Foos anwenden? Beschreibe die Klettertechnik. Verwende dabei Satzgefüge. Schreibe in dein Heft.

Fußball-Yogi

# Wissenswertes auf einen Blick

## Rechtschreiben, Zeichensetzung

### Das Gliedern, das Verlängern, das Ableiten

Beim **Gliedern** zerlegst du mehrsilbige Wörter in Sprechsilben, z. B.: Er | eig | nis | se.

Durch **Verlängern** kannst du Endbuchstaben hörbar machen.
Pferd – Pferde, er schwingt – schwingen, wütend – wütende

**ä/äu** oder **e/eu?** Wenn du nicht sicher bist, kannst du das Wort **ableiten**.
Findest du ein verwandtes Wort mit **a/au**, dann schreibe **ä/äu**.
die W**ä**lder – der W**a**ld    die B**äu**me – der B**au**m

### Großschreibung

**Zusammengesetzte Nomen** werden **großgeschrieben**.
Die Wörter **das**, **beim**, **zum** machen's.

| | | |
|---|---|---|
| **Nomen + Verb:** | Rad fahren | – beim Radfahren |
| **Verb + Verb:** | spazieren gehen | – zum Spazierengehen |
| **Adjektiv + Verb:** | geheim halten | – das Geheimhalten |

**Verben** werden **nominalisiert** und **großgeschrieben**, wenn …
… ein **Artikel** davorsteht, z. B.: Lustig klang **das Lachen**.
… ein **Attribut** davorsteht, z. B.: Manchmal stört **lautes Lachen**.
… eine (erweiterte) **Präposition** davorsteht, z. B.: Er geht **zum** (zu dem) **Lachen** in den Keller.
… ein Possessivpronomen davorsteht, z. B.: Er ließ **sein Lachen** hören.

**Eigennamen** schreibt man **groß**. Eigennamen sind z. B. Namen von Personen, Staaten und Festen.
Die von **geografischen Eigennamen** abgeleiteten Wörter mit **-er** schreibt man immer groß, z. B.: Pforzheimer Bürger.
**Adjektive** auf **-isch**, die von **geografischen Eigennamen** abgeleitet sind, werden **kleingeschrieben**, z. B.: italienische Oliven.

Übungen S. 80

### Zusammen- und Getrenntschreibung

Aus **Nomen + Verb** entsteht ein **zusammengesetztes Nomen**.
Aus **Verb + Verb** entsteht ein **zusammengesetztes Nomen**.
Die Wörter **das**, **zum**, **beim** und **vom** machen's! Zum Beispiel:
Heute gehe ich **Fußball spielen**. Das **Fußballspielen** macht mir Freude.
Ich will **spazieren gehen**. **Beim Spazierengehen** geht es mir gut.

Wortgruppen aus **Adjektiv + Verb** werden **zusammengeschrieben**, wenn eine **neue (übertragene) Gesamtbedeutung** gemeint ist.

**Zusammenschreibung:** Wir konnten nicht alle Probleme lösen, einige Fragen mussten **offenbleiben**.
→ **übertragene Bedeutung:** Einige Fragen konnten nicht gelöst werden.
**Getrenntschreibung:** Das Fenster soll **offen bleiben**.
→ **wörtliche Bedeutung:** Das Fenster soll nicht geschlossen werden.

Übungen S. 81

### Fremdwörter

Viele Fremdwörter haben typische Buchstaben oder Buchstabenkombinationen, z. B.:
**y** das S**y**stem, **ph** die **Ph**ase, **c** das **C**loud **C**omputing, **rh** das **Rh**euma,
**ch** das **Ch**aos, **th** die **Th**ese.

Übungen S. 82–83

## Das Dehnungs-h

Wenn du nicht sicher bist, **ob in einem Wort ein h vorkommt**, kannst du prüfen, welche Buchstaben davor und dahinter stehen. Sie helfen dir, dich für die richtige Schreibung zu entscheiden.
Das **Dehnungs-h** steht nach einem langen Vokal und nur vor den Konsonanten **l**, **m**, **n** und **r**: Stuhl – nehmen – ohne – ehrlich.
In den meisten Wörtern folgt aber nach einem langen Vokal kein **h**.

## Wortbildung

Viele Wörter sind **zusammengesetzt**. Wenn du die einzelnen Bausteine richtig schreibst, dann kannst du auch die Zusammensetzung richtig schreiben.
Mit **Präfixen** (Vorsilben) und **Suffixen** (Endungen) entstehen neue Nomen, Verben und Adverbien:

| | | | | |
|---|---|---|---|---|
| Präfix | + | Verb | = | neues Verb oder neues Nomen |
| miss | + | achten | = | missachten, die Missachtung |
| Nomen | + | Suffix | = | Adverb |
| das Beispiel | + | -weise | = | beispielsweise |
| Adjektiv | + | Suffix | = | Nomen |
| auffällig | + | -keit | = | die Auffälligkeit |

## Komma in Aufzählungen, Satzreihen und Satzgefügen

Die Teile einer **Aufzählung**, die nicht durch **und/oder** verbunden sind, werden durch **Komma** getrennt, z. B.: Der Herbst begann mit Sturm, Regen, Blitz und Donner.

**Satzreihen** bestehen aus zwei oder mehreren **Hauptsätzen**. Hauptsätze in Satzreihen, die nicht durch **und/oder** verbunden sind, werden durch **Komma** getrennt, z. B.:
Junge Männer müssen keinen Wehr- oder Ersatzdienst mehr leisten, den kommenden Generationen wird eine Herausforderung vorenthalten.

In einem Satzgefüge werden **Nebensätze** (NS) vom **Hauptsatz** (HS) durch **Komma** abgetrennt. Am Anfang des Nebensatzes steht häufig eine Konjunktion (**als**, **weil**, **dass**, **obwohl** ...), z. B.:

**Obwohl** es heute sehr schwül war, gab es abends kein Gewitter.
Konj. NS HS

Übungen S. 44, 84, 90–91

## Komma in Relativsätzen und Infinitivsätzen

**Relativsätze** sind **Nebensätze**, **die sich** meist **auf ein vorangehendes Nomen** beziehen. Sie werden immer vom Hauptsatz durch ein **Komma** abgetrennt und durch ein Relativpronomen (z. B. **der**, **die**, **das**) eingeleitet, z. B.:

**Dem Bürgermeister**, **der** heute Geburtstag hat, gratulieren wir.

Ist der Relativsatz in den Hauptsatz eingebettet, wird er durch zwei Kommas abgetrennt.

**Der Psychologe**, **der** auf der Tagung einen Vortrag hielt, stellte eine provozierende These auf.

**Infinitivsätze** enden auf einen erweiterten **Infinitiv mit zu**. Infinitivsätze sind **Nebensätze** und werden immer vom Hauptsatz durch ein **Komma** abgetrennt. Infinitivsätze beginnen häufig mit den Signalwärtern **als**, **um**, **ohne**, **außer**, **anstatt**, z. B.:
Er überquerte die Straße, **um** seinen Nachbarn **zu begrüßen**.

Übungen S. 84–85, 90–91

## Komma bei Zusätzen, Einschüben, Nachträgen

Zusätze, Einschübe und Nachträge werden durch Komma abgetrennt.
**Zusätze:** Au, das tut weh!
**Nachträge:** Ich esse gerne Nudeln, besonders Spagetti.
**Einschübe:** Mein Onkel, ein erfolgreicher Geschäftsmann, kommt zu meinem Geburtstag.

Übungen S. 85

# Grammatik

## Verben

Verben sind Tätigkeitswörter und geben an, was jemand tut oder was geschieht. Verben bilden verschiedene Zeitformen.

**Verben im Präsens** verwendest du, um auszudrücken,
- **was man regelmäßig tut:** Sina **füttert** die Fische sechsmal die Woche.
- **was man jetzt tut:** Sina **füttert** die Fische jetzt gerade.

Bei vielen Verben bleibt im Präsens der Verbstamm gleich. Es verändern sich nur die Endungen. Sie richten sich nach der Person. **Zusammengesetze Verben** können im Satz auseinanderstehen: einkaufen – im Satz: Er kauft Futter ein.

**Verben im Präteritum** verwendest du meist, wenn du **schriftlich über etwas berichtest oder erzählst**, was schon vergangen ist:
Auch in Berlin **feierten** zahlreiche Fans den Sieg der Nationalmannschaft.

**Verben im Perfekt** verwendest du meist, wenn du etwas **mündlich erzählst**, was schon vergangen ist.
Viele Verben bilden das Perfekt mit **haben**: Sie hat gebacken.
Viele Verben bilden das Perfekt mit **sein**: Wir sind gelaufen.

**Das Plusquamperfekt** verwendest du, wenn du ausdrücken willst, dass etwas **vor einem zurückliegenden Ereignis geschah**: Chaos brach aus, nachdem die Luftbehörden den Luftraum über vielen Ländern **geschlossen hatten**.

**Das Passiv** beschreibt, was mit einer Person oder einem Gegenstand getan wird. Die handelnde Person wird im Passiv meist nicht erwähnt. Das Passiv wird mit einer Form von **werden** und dem **Partizip Perfekt** gebildet.
**Präsens:** Tausend Flüge **werden gestrichen**.
**Präteritum:** Tausend Flüge **wurden gestrichen**.

Verben im **Konjunktiv I** drücken unsichere Informationen aus, z. B.:
Er sagt, er **laufe** jeden Morgen zehn Kilometer.

Verben im **Konjunktiv II** (Möglichkeitsform des Verbs) drücken aus, dass etwas nicht oder noch nicht Wirklichkeit ist, z.B.:
Er sagt, er **liefe** jeden Morgen zehn Kilometer.

Der **Konjunktiv II** wird vom Präteritum abgeleitet.

| | | | |
|---|---|---|---|
| Präteritum: | du hattest | sie blieb | ich fand |
| Konjunktiv II: | du hättest gern … | sie bliebe bestimmt … | ich fände schön … |

Übungen S. 32, 44–45, 58, 86, 88

## Konjunktionen

**Konjunktionen (Bindewörter)** verbinden Sätze.
Nebenordnende Konjunktionen wie **und**, **oder** und **aber** verbinden Wörter und Sätze.
Unterordnende Konjunktionen wie **wenn**, **weil**, **dass**, **als** verbinden Haupt- und Nebensätze.
Die Konjunktionen **weil** und **denn** leiten Begründungen ein.
Die Konjunktionen **nachdem**, **bevor** und **während** drücken eine zeitliche Abfolge aus.

Übungen S. 32, 45, 58, 86

## Relativpronomen und Interrogativpronomen

Mit den **Relativpronomen der**, **die**, **das** / **welcher**, **welche**, **welches** kann man **Nebensätze** einleiten. Das Relativpronomen **bezieht sich auf ein Nomen** oder **Pronomen** und steht nach einem **Komma**, z. B.:
Ich lese das Buch, **das** du mir geschenkt hast.

**Interrogativpronomen** sind Fragewörter, z. B. wer, wem, welcher, welches, wie.
Mit ihnen fragt man nach bestimmten Informationen; z. B.: **Wem** gehört das Buch?

Übungen S. 45, 86

## Indirekte Rede – Konjunktiv I, II und Ersatzform

Bei nichtwörtlicher Rede (indirekter Rede) wird der **Konjunktiv I** verwendet. Dadurch wird deutlich, dass die Aussage nicht wahr sein muss, z. B.: Sie meint, sie **sei** die Beste im Schwimmverein.

Den **Konjunktiv II** verwendest du in der indirekten Rede nur dann, wenn sich der Konjunktiv I nicht vom Indikativ (Wirklichkeitsform) unterscheidet, z. B.:
Wörtliche Rede: „Wir **kommen** jetzt."
Indirekte Rede: Er sagt, sie ~~kommen~~ **kämen** jetzt.

Wenn der Konjunktiv II in der indirekten Rede ungewohnt klingt, verwendest du die **Ersatzform mit würde**, z. B.:
Konjunktiv II: Er sagt, er **stünde** gern während des Fußballspiels.
Ersatzform mit würde: Er sagt, er **würde** gern während des Fußballspiels **stehen**.

Übungen S. 33, 44, 59, 89

## Satzglieder und Attribute

**Das Subjekt** kann eine Person oder eine Sache sein. Mit **Wer?** oder **Was?** fragst du nach dem Subjekt: Sabine hat Geburtstag. – Wer hat Geburtstag? – Sabine.

**Das Prädikat** sagt etwas darüber aus, was jemand tut oder was geschieht.
Mit **Was tut** ...? fragst du nach dem Prädikat, z. B.:
Eric schenkt ihr ein Buch. Eric hat ihr ein Buch geschenkt.

**Objekte**
Mit **Wen?** oder **Was?** fragst du nach dem **Akkusativobjekt**.
Sabine bringt den Gast zur Tür. – Wen bringt Sabine zur Tür? – Den Gast.
Mit **Wem?** fragt man nach dem **Dativobjekt**.
Sarah gratuliert dem Geburtstagskind. – Wem gratuliert Sarah? – Dem Geburtstagskind.

**Adverbiale Bestimmungen**
Nach der **adverbialen Bestimmung der Zeit** fragst du mit **Wann?**
Der Spion kam um zehn Uhr. Wann kam der Spion? – Um zehn Uhr.
Nach der **adverbialen Bestimmung des Ortes** fragst du mit **Wo?**, **Woher?**, **Wohin?**
Er traf den Mann am Bahnhof. Wo traf er den Mann? – Am Bahnhof.
Nach der **adverbialen Bestimmung der Art und Weise** fragst du mit **Wie?**
Die Geldübergabe verlief hektisch. – Wie verlief die Geldübergabe? – Hektisch.
Nach der **adverbialen Bestimmung des Grundes** fragst du mit **Warum?**
Wegen der Eile übersah er ihn. – Warum übersah er ihn? – Wegen der Eile.

**Genitivattribute** stehen **hinter** einem Nomen und geben **zusätzliche Informationen** zu dem Nomen. Sie antworten auf die Frage: **Wessen?**
Das Handy meines Bruders ist kaputt. – Wessen Handy ist kaputt? – Das Handy meines Bruders.

**Adjektivische Attribute** stehen **vor** dem Nomen. Sie antworten auf die Fragen: **Welche?/ Welcher?**
Heute kommt meine beste Freundin. Welche Freundin? – Meine beste Freundin.

**Satzglieder** können auch in Form von **Nebensätzen** vorkommen.
**Subjekte** formst du in **Subjektsätze** um, z. B.:
Seine ständige Nörgelei nervt mich. Mich nervt, dass er ständig nörgelt.
**Objekte** formst du in **Objektsätze** um, z. B.: Er freut sich auf ihre Reise in den Ferien.
Er freut sich darauf, dass sie in den Ferien reisen.
**Adverbiale Bestimmungen** formst du in **Adverbialsätze** (Nebensätze) um, z. B.:
Vor dem Öffnen des Geräts muss es entleert sein. Bevor das Gerät geöffnet wird, muss es entleert sein.

Übungen S. 33, 59, 87

Mehr **Wissenswertes auf einen Blick** findest du vorne im Heft und in den Klappen. Öffne die Klappen, um zum Beispiel mit dem **Textknacker** zu arbeiten.

**Textquellen**
S. 4–5: Seidler, Christoph: Russen bohren Riesensee unter dem ewigen Eis an. Unter: http://www.spiegel.de/wissenschaft/natur/antarktis-russen-bohren-riesensee-unter-dem-ewigen-eis-an-a-813862.html (Downloaddatum 27.06.2012), gekürzt; S. 6: Wostoksee in der Arktis verheißt einmalige Entdeckungen. Onlinebeitrag von „Stimme Russlands". Unter: http://german.ruvr.ru/2012_02_22/66650803/ (Downloaddatum 27.06.2012), gekürzt und geändert; S. 9: Unter: http://german.ruvr.ru/about.html (Downloaddatum 27.06.2012); S. 16: Otto F. Walter: Cornflakes. In: 111 einseitige Geschichten. Hrsg. v. Franz Hohler, Luchterhand 1981, S. 41; S. 24–25: Niesing, Birgit: Zwerge mit Riesenpotenzial und Zahlen der Grafik, S. 25. In: Fraunhofer-Magazin, H. 4 2006, S. 8–12, gekürzt; S. 26: Alles Nano? ebd. S. 11; Umweltbundesamt warnt vor Nanotechnologie. Unter: http://www.spiegel.de/wissenschaft/mensch/gesundheitsrisiko-umweltbundesamt-warnt-vor-nanotechnologie-a-656362.html (Downloaddatum 27.06.2012); S. 38–39: Autorentexte; S. 50–52: Stamm, Peter: Die ganze Nacht. In: In fremden Gärten, Arche Verlag AG, Zürich, Hamburg 2003, S. 48–54; S. 64: Biermann, Wolf: Ermutigung. In: Mit Marx- und Engelszungen, Verlag Klaus Wagenbach Berlin, Berlin 1968, S. 59; S. 85: Der hohe Preis der Energiewende. Unter: http://www.zeit.de/politik/deutschland/2011-04/energiewende-landschaft-deutschland (Downloaddatum 27. 06.2012), gekürzt; S. 90 und 91: Jacobs, Stefan: Die Kork-Yogis sind über uns. In: Tagesspiegel vom 27.11.2011

**Bildquellen**
S. 4: REUTERS/Reuters TV; S. 5: Schatztruhe der Evolution. Aus: SPIEGEL 6/2011; S. 6: Photopool/WhiteNightPress; S. 24 Mitte: fotolia.com - © Gina Sanders, unten: © Andreas Landefeld. Institut für Werkstoffe (Forschungseinrichtung), TU Braunschweig (Hochschule); S. 25 (Hintergrundbild): © Nicolas Souza/cc-NanoBioNet e. V., rechts oben außen und dann im Uhrzeigersinn: Fotolia.com - © Max Tactic, Fotolia.com - © Pixi, Fotolia.com - © loraks, Istockphoto.de - © Henrik Johnsson; Fotolia.com - © M. Siegmund; Fotolia.com - © LianeM, Fotolia.com - © Spectral-Design; Fotolia.com - © Thaut Images; Fotolia.com - © Elnur; Istockphoto.de - © WekWek; Fotolia.com - © Kaarsten; Fotolia.com - © Protosom; S. 26: picture-alliance/Courtesy Everett Collection, unten: Fotolia.com - © Ingus Evertovskis; S. 38 oben: picture-alliance/Matthias Hiekel; S. 38 unten: ULLSTEIN BILD/Gabriele Fromm; S. 39 oben: Caro/Oberhäuser, unten: picture-alliance/dpa-Zentralbild; S. 50 unten: Volkhard Binder, Berlin; S. 51: Volkhard Binder, Berlin; S. 64: picture-alliance/Waltraud Grubitzsch; S. 71: picture-alliance/Cultura; S. 72: Fotolia.com - © Kzenon; S. 73: Fotolia.com - Picture-factory; S. 74: Fotolia.com - © Robert Kneschke; S. 76: Fotolia.com - © rabbit75_fot; S. 80: picture-alliance/Ingo Wagner; S. 83: Fotolia.com - © Benicce; S. 85: Fotolia.com - © digi_dresden; S. 88 oben: Fotolia.com - © c, unten: picture alliance/dpa/dpaweb/Lars Halbauer; S. 90–91: Street-Yoga, Berlin/Josef Foos

**Illustrationen**
Sylvia Graupner, Annaberg: S. 37, 49, 50–52, 63, 89
Carsten Märtin, Oldenburg: S. 17, 19, 84
Ulrike Selders, Köln: S. 14

**Projektleitung:** Gabriele Biela
**Redaktion:** Florian Hampel – didaktylos, Berlin; Grit Ellen Sellin
**Bildrecherche:** Petra Ebert

**Umschlaggestaltung:** tritopp, Berlin
**Layoutkonzept:** nach Entwürfen von Farnschläder & Mahlstedt, Hamburg
**Layout und technische Umsetzung:** Dorothée Billard und Friedemann Bochow, Berlin

**www.cornelsen.de**

Dieses Werk berücksichtigt die Regeln der reformierten Rechtschreibung und Zeichensetzung.
Bei den mit [R] gekennzeichneten Texten haben die Rechteinhaber einer Anpassung widersprochen.

1. Auflage, 1. Druck 2012

Alle Drucke dieser Auflage sind inhaltlich unverändert und können im Unterricht nebeneinander verwendet werden.



**Druck:** Stürtz GmbH, Würzburg

ISBN 978-3-06-060125-7

Inhalt gedruckt auf säurefreiem Papier aus nachhaltiger Forstwirtschaft.